サブスク会計学

持続的な成長への理論と実践

藤原大豊・青木章通［著］
Fujiwara Hiroyoshi　Aoki Akimichi

THE THEORY OF
SUBSCRIPTION
ACCOUNTING

中央経済社

はじめに

　これまで，数多くのサブスクリプション（以下「サブスク」）に関する書籍が出版されてきました。それらの本では，サブスクの成功には「つながり続けること」が最も重要なメッセージとして発信されています。また，サブスクの特徴として，「予測可能性が高い」，「契約してからが勝負」，「長期化するほど儲かる」，「経営の安定」が挙げられてきました。

　もちろん本書でもこれらに触れ，さらに深掘りしていますが，特に会計の視点で掘り下げているのが本書の特徴です。なかでもわれわれが重要だと考えているのは，サブスクのビジネスは，「予測可能性が高い」という点です。つまり，サブスクのビジネスでは将来の収益が予測可能であることを前提に，経営や事業の意思決定ができるようになります。

　サブスクには，販売促進費（以下，「販促費」，もしくは「S&M」。サブスクの文脈では成長投資のための費用）を調整することで，どの程度の利益を残すかをコントロールしやすいという特徴があります。この特徴により，定期収益の増加傾向と現金残高が健全でありさえすれば，思い切った成長投資が可能になります。そのため，ビジネス規模の成長を優先させるために販促費が先行して，会計期間における赤字が継続したとしてもサブスクは成立するのです。

　本書では，いくつものサブスクに関する指標を紹介して解説しています。たとえば，「解約率」を低下させると1人の顧客が生涯にどれだけの価値をもたらしてくれるかを示す指標「LTV（Life Time Value）」が増えます。

　また1年間の定期収益に関する指標を表す「ARR」や，もう少し細かい月間の定期収益に関する指標「MRR」を見ることで，収益（売上高）をどれだけの"速さ"で稼いでいるかという情報を経営に活かすことができます。

　さらに，適切な課金設計の検討や，顧客を属性で分けた費用対効果の検証についても触れています。サブスクは予測可能性が高いことの裏返しで，赤字を拡大してでも大きな成長投資をしがちです。投資採算が悪かったり，費用対効果の薄い投資であったりしたことを後から結果的に知ってしまうという状態を

避けられるよう，サブスクの指標を活用して継続的に監視しつつ，改善の PDCA を回せるようにしたいものです。

　本書は「まずはここだけ！」を押さえるための入門書として執筆しました。サブスクの専門家には少し物足りない部分もあるかもしれません。

　しかし，説明の仕方や考え方については，新しい視点を提供しています。たとえば，日本でサブスクという言葉が流行するよりもずっと前に日本人が提唱した「利速会計」や「固定収益会計」といった知見について触れました。サブスクのビジネスの説明にこれらの知見を援用しているのは珍しいのではないでしょうか。

　サブスクの流行は日本だけではなく，世界的なトレンドだと言われています。そんな中で，日本人がはるか以前からサブスクのビジネスに役に立つ考え方を示していたのだとしたら，もっと世界に発信すべきとも思い本書でも取り上げることにしました。

　一方，本書を読むにあたっての注意点もあります。それは，サブスクの研究は歴史が浅いため，共通見解がなかったり，定義があいまいだったり，言葉の使い方が人によって異なったり，日々新しい手法や考え方，新しい言葉が生まれたりしている点です。

　サブスクという言葉が流行して，関連するビジネスがどんどん普及している昨今，見解が分かれそうな考え方や，実務において運用があいまいな言葉などは本文中で注意を促すように記述したつもりです。また，各章の最後には実際のビジネスで応用できるよう，練習問題（トレーニング）を付けました。解答と解説は WEB ページから参照できます。本書の理解のためにも，是非トライしてみてください。

　本書のもとになったのは専修大学経営学部で開講している「サブスク経営」という講義です。われわれ筆者２人は，この講義で「サブスクの仕組みと関連する指標について理解できるようになる」，「サブスクを導入している企業の決算報告資料から，その会社のビジネスを読み解けるようになる」の２つを到達

目標にしてきました。お蔭様で本講義は受講希望者が多く，席が足りなくなったため，抽選が行われる人気講義になっています。

　もちろん，本書も同じ目標を持って構成しています。今後もサブスクが広がるという見通しの中で，この2つに関する知識とスキルを持つ人材の市場価値（つまり賃金）はどんどん高くなっていくだろうと期待しています。

　最後になりますが，本書の刊行にあたって感謝をお伝えしたい方がいます。まず，2022年から毎年開講されているビジネス研究「サブスク経営」を受講してくれた専修大学の学生の皆さん。サブスク経営の講義に協力して頂いたfreee，テモナ，エネクスのそれぞれの会社の皆さん。日本サブスクリプションビジネス振興会の吉澤哉理事。以前よりお付き合いしてくださりたくさんの知見を授けてくださったサブスクリプション総合研究所の宮崎琢磨社長。多忙の中で休日を費やして本書のすべての図表の作図をしてくれた駒路祐也さん，山野内雄哉さん。そして，毎週のように相談に乗ってくれた中央経済社の長田烈さん。改めて深くお礼を申し上げます。

2024年晩秋

藤原大豊・青木章通

目　次

はじめに

第 I 部　まずはココから　サブスクビジネスの基本 ———————— 1

第1章　サブスクビジネスの概要 ————————————— 2

1. サブスクとはなにか／2

(1) サブスクのよくある勘違い／2

(2) サブスクの定義／3

(3) 昔ながらのサブスクと従量課金を含むサブスクの例／4

(4) 広義に捉えたサブスクの例／6

(5) どんなビジネスも工夫次第でサブスクになる／7

2. サブスクビジネスの特徴／10

(1) 特徴1：収益の「予測可能性」の高さ／10

(2) 特徴2：「契約してからが勝負」／12

(3) 特徴3：「関係が長期化するほど儲かる」／13

(4) 特徴4：「経営の安定」が見込める／14

第2章　技術革新はサブスクをどのように変えたか —— 18

1. 技術革新とサブスク／18

(1) サブスクは囲い込みのビジネス／18

(2) IT/DX 前と IT/DX 後のよくある囲い込みの例／20

（3） IT/DX の効能／21

2．技術革新とサブスクの普及／22

（1） 第1世代のサブスク／23

（2） 第2世代のサブスク／24

（3） 第3世代のサブスク／24

3．サブスクの普及の裏側に管理業務用ツールの技術革新／25

4．OMO／27

第3章　サブスクの課金設計 ——————————— 29

1．課金と IT/DX／29

（1） 課金設計の重要性／29

（2） 課金設計の自由度と IT/DX の発達と普及／29

2．課金の基本的な組み合わせ／30

3．費用の回収を意識した課金設計／31

（1） 課金の裏側で費用が発生することを考慮する／31

（2） 課金項目の裏側にある事業者側に発生する費用／32

（3） 課金と費用は対にならなくてもいい／33

4．課金設計の考え方／33

（1） 課金の組み合わせは無限大？／33

（2） 契約開始時：初期費用の課金有無と費用の有無／35

（3） 契約期間中：継続課金の課金有無と費用の有無／36

（4） 契約終了時：違約金の課金有無と費用の有無／36

（5） その他の課金形態のモデル／37

5．利益を生む課金設計の事例／37

（1） 飲食店向け集客サイト構築サービス A 社／38

（2） 売り切りからサブスクへ転換した Adobe／39

（3） ストック収益とスポット収益の構成を変化させた B 社／41

目　次　**III**

> ビジネスの成否を分ける
> ## 第**II**部 📎 サブスク会計 ————————— 45

第**4**章　サブスク会計の基礎 ————————— 46

1．サブスク会計が必要な理由／46
2．定期収益と予測可能性／46
（1）　定期収益は「将来にわたって継続的な獲得が約束された収益」／46

（2）　定期収益の予測可能性の高さ／47

3．財務会計と現金収支／47
（1）　費用収益対応の原則／47

（2）　会計期間のタイミングのズレ／48

（3）　現金収支と財務会計上の利益のズレ／48

（4）　現金収支差額の不都合／50

4．財務会計とサブスク会計／51
（1）　財務会計の不都合／51

（2）　個別的対応と期間的対応／53

（3）　財務会計だと費用と収益が対応しないのがサブスク／54

（4）　将来の収益を見越して成長投資を調整する／56

5．トレードオフをコントロール／57
（1）　40％ルール／57

（2）　販管費の内訳の調整／58

6．定期収益は将来を約束しているのか／59
（1）　予測はあくまでも予測／59

（2）　社会が変わると会計も変わる／60

IV

第5章　定期収益に関連するサブスク会計の指標 —— 63

1．MRR と ARR ／ 63
（1）　MRR ／ 63
（2）　MRR の 12 倍が ARR と考えてよいのか／ 64

2．「利速会計」を使った定期収益の説明／ 65
（1）　利速会計の紹介／ 65
（2）　ビジネスの"は・じ・き"／ 65
（3）　MRR/ARR と売上高／ 67

3．定期収益の分類／ 70
（1）　非定期収益／ 70
（2）　定期収益に分類しやすい収益（期間のある契約で定額課金）／ 71
（3）　分類に困る収益／ 72

4．定期収益の安定性に対する考察／ 73
（1）　環境変化に強い定期収益は経営の安定につながる／ 74
（2）　環境変化への強さは時間差として現れる／ 74
（3）　環境変化への強弱による定期収益の分類／ 75

第6章　投資採算に関連するサブスク会計の指標 —— 79

1．投資採算／ 79
（1）　回収期間法と CAC 回収期間法／ 79
（2）　J カーブ／ 82

2．LTV ／ 85
（1）　LTV とは／ 85
（2）　LTV で考えることの意義／ 88
（3）　LTV の計算式／ 90
（4）　解約率から算定する LTV ／ 92

（5）　解約率の低下が LTV を向上させる／93

3．ユニットエコノミクス／94
（1）　ユニットエコノミクスはサブスクの ROI である／94
（2）　ユニットエコノミクスを大きくするには／95
（3）　ユニットエコノミクスを用いた投資採算評価における
注意点／96

4．付録／97
（1）　「LTV＝平均単価÷解約率」の証明／97
（2）　「平均継続期間＝1÷解約率」の証明／98

第7章　顧客維持に関連するサブスク会計の指標 ── 102

1．解約率の重要性／102
（1）　解約率をチャーンと呼ぶ／102
（2）　継続率との関係／103
（3）　新規獲得と既存維持のどちらを重視すべきか／103
（4）　新規獲得も大事，解約率低減も大事／105

2．さまざまな解約率の種類を理解する／106
（1）　カスタマーチャーンとレベニューチャーン／106
（2）　グロスチャーンとネットチャーン／109
（3）　ネガティブチャーン／110

4．真の解約率はわからない　解約率計算の注意点
／113
（1）　月間解約率と年間解約率の比較／113
（2）　データの傾向／114
（3）　データ参照期間／116

5．妥当な解約率を知っておく／118
（1）　妥当な解約率を知ることの意義／118
（2）　参考となる解約率／119

VI

> 第Ⅲ部 サブスクの事業開発と
> 持続的な成長 —————————— 123

第8章　サブスクの事業開発に関する8つの勘違い － 124

1.「手離れよくチャリンチャリン」は勘違い／124

2.「先行者優位」は勘違い／125

（1）　先行者優位とブルーオーシャン／125

（2）　携帯電話の場合／127

（3）　複合機の場合／127

（4）　どっちがいいかは一概に言えない／127

3.「サブスク＝B2C」は勘違い／128

4.「サブスクは無形物が対象」は勘違い／128

5.「定額課金が公平」は勘違い／129

（1）　不公平でも悪くない／129

（2）　従量課金のほうが公平とも言える／130

（3）　公平と不公平の均衡点／130

（4）　サブスクで損をしている哀れな子羊／131

（5）　サブスクで得をしているハゲタカ／131

（6）　哀れな子羊を幸せな子羊に変えていく／132

6.「顧客間の不公平が調整できない」は勘違い／132

（1）　牛角の複数課金プランの試み／134

（2）　プラン設計の変更と課金額の設計／134

7.「マス向けじゃないとダメ」とか「パーソナライズしないとダメ」は勘違い／135

（1）　パーソナライズされたサブスクの例／135

（2）　パーソナライズは顧客の囲い込みにつながる／135

（3） マス向けとパーソナライズの両立の可能性／136

8.「自社ビジネスをサブスク化しなければならない」は勘違い／136

（1） メーカーのサブスク参入／137

（2） メーカーがサブスクに参入することの競争上の懸念／138

（3） 競合を選択するか協業を選択するか／138

第9章　利益につながるサブスクの事業開発 ———— 141

1. サブスク化において気づきにくい注意点／141

（1） 資金繰りの悪化／141

（2） 金利相当分の無自覚値引き／142

（3） 売上代金の未回収リスク／142

（4） 自社サービスのカニバリゼーション（共食い）／143

（5） 管理業務負担の増加に注意／144

2. 自社ビジネスのサブスク化を進めるための条件／145

（1） 価格設定からみたサブスク化推進の条件／145

（2） 費用構造からみたサブスク化推進の条件／147

（3） サブスク特有の理由／149

第10章　カスタマーサクセスの理屈と経営指標に与える影響 ———————————— 153

1. カスタマーサクセスとは顧客に成功をもたらすこと／153

（1） カスタマーサクセスの定義に共通見解はない／153

（2） 顧客に成功をもたらしたい理由／153

2. ホールドアップとカスタマーサクセスの理屈／154

 （1） ホールドアップされている買い手の考え方／154

 （2） カスタマーサクセスに成功している買い手の考え方／155

3. ホールドアップとカスタマーサクセスの理屈を掘り下げる／156

 （1） 顧客が他社のサービスに乗り換えにくい状況／156

 （2） 乗り換えにくい状況での値上げに抗えるか／157

 （3） 有利な提案があっても乗り換えが起こらないケース／159

 （4） 他社サービスへの乗り換えに関する4つの選択肢／160

 （5） 不確実だと乗り換えにくい／161

 （6） サンクコストを意識しすぎて乗り換えられない／163

 （7） カスタマーサクセスが乗り換えを防ぐ／164

4. カスタマーサクセスがサブスク会計の指標に与える威力／166

 （1） カスタマーサクセスが達成すべき事項／166

 （2） カスタマーサクセスの達成がサブスク会計の指標に及ぼす効果／167

 （3） カスタマーサクセスの経営的意義／168

第11章　カスタマーサクセスの実践 —————— 170

1. カスタマーサクセスの実践者／170

2. コンサンプションギャップの拡大と解消／171

3. カスタマーサクセスの成果を測る指標／173

 （1） さまざまな指標の存在／173

 （2） カスタマーサクセスの結果は遅れて現れる／173

目　次　IX

4．カスタマーサクセスのステージ／175

（1）　カスタマーサクセスのステージも公式の定義がない／175

（2）　カスタマーサクセスのステージに関連する重要用語／176

5．カスタマーヘルススコアでカスタマーの状態を知る／177

（1）　DEAR／178

（2）　DEAR で捉える解約・エクスパンション予兆／179

（3）　ヘルススコアはどこから収集するのか／180

（4）　ヘルススコアとの相関チェック／181

6．新規獲得につながるカスタマーサクセス／182

（1）　アドボカシーの獲得／182

（2）　アドボカシー×ネットワーク効果／182

（3）　SLG と PLG／183

第12章　顧客の分類と最適化 —————————— 187

1．タッチモデルによる顧客の分類／187

2．タッチモデルと課金モデルの整合性／188

3．顧客企業の規模による分類とタッチモデル／189

4．さまざまなカスタマー分類の例／190

5．既存客と新規客を分類した損益計算書の紹介／190

6．顧客を関係性によって分類する固定収益会計／192

7．NPS を使った顧客分類と批判者リスク／193

（1）　NPS とは／193

（2）　推奨者／194

（3）　批判者とそのリスク／195

（4）　正しい顧客とつながる，顧客を育てる／195

8．カスタマーサクセスのステージ別・顧客分類別の
施策検討の例／197

第13章　サブスク企業の決算資料を読み解く ——— 201

1．一見，不自然な企業行動を読み解く／201

（1）　赤字を拡大し続ける企業行動／201

（2）　あえて赤字を出す行動原理／203

（3）　S&Mの費用対効果分析／204

2．予測可能性が本当に高いのか検証する／208

（1）　本当に収益（売上高）の予測可能性が高いのか／
208

（2）　本当に利益コントロールが比較的容易なのか／209

（3）　マネーフォワード社は自覚して赤字を出しているのか
／210

（4）　他のサブスク企業も合理的に赤字を拡大している／
211

3．Jカーブではない事例「オイシックス」「ラクス」
／212

第 I 部

まずはココから
サブスクビジネスの基本

第 1 章　サブスクビジネスの概要

第 2 章　技術革新はサブスクをどのように変えたか

第 3 章　サブスクの課金設計

第 1 章

サブスクビジネスの概要

1．サブスクとはなにか

（1） サブスクのよくある勘違い

① 「定額課金"だけ"がサブスク」は勘違い

　「**サブスクリプション**」（以下，サブスク）と聞いて何を連想しますか。講義などで大学生やビジネスパーソンにこの質問をすると，Netflix とか，Microsoftとか定額課金で無形財の IT サービスの回答が多いなと筆者は感じています。

　もちろんこれらのサービスはサブスクです。そして，世の中には「定期的に繰り返し定額を支払い続けるサービス」のことだけをサブスクと考えている人もいます。雑誌の定期購読のことを英語で Subscription といいますが，まさにそのイメージなのだと思います。

　しかし，課金形態に注目して，定額課金だけがサブスクであると考えるのは勘違いです。もしくは非常に狭義にサブスクを捉えていると言えます。視野を広げてみれば，世の中にはスマホの通信料などのように，使えば使うほど課金額が大きくなる従量課金のサブスクもあることがすぐにわかります。

② 「サブスクは最近出現したビジネス」は勘違い

　2つ目のよくある勘違いは「サブスクは最近出現したビジネス」というものです。サブスクという言葉がメディアに取り上げられるようになってきたのがここ数年であり，流行語大賞に「**サブスク**」がノミネートされたのは2019年のことでした。そのため，サブスクが最近になって突然出現したと思っている方も多いようです。

しかし，雑誌の定期購読とか，NHK の受信料とか，習い事の月謝といった
サービスは「定期的に繰り返し定額を支払い続けるサービス」でありつつも，
昔から存在しています。ほかにも，電気やガス，電話の基本料金などは昔から
存在しますし，課金の中に従量課金が含まれています。

（2） サブスクの定義

①公式の定義は存在しない

2つの勘違いを指摘したものの，では何がサブスクの定義なのかという話に
なります。残念ながら，世の中にサブスクという用語に公式の定義はまだあり
ません。ですから論者によってサブスクの定義がさまざまであるということを
注意しながらサブスクについて語るべきですし，話を聞いたほうがよいという
ことになります。

そういう意味では先に指摘した2つの勘違いも，定義から外れているとか間
違っているというよりは，以下に述べる定義に比べて狭義に捉えているといっ
たほうが正確な表現かもしれません。

②本書でのサブスクの定義

本書ではサブスクリプション総合研究所が発信している「顧客との継続的な
関係性が担保されている状態」（『SMART サブスクリプション 第3世代サブ
スクリプションが B to B に革命を起こす！』（宮崎琢磨ほか著，東洋経済新報
社））をサブスクの定義として話を進めます。

サブスクの公式な定義は決まっていないと言いましたが，サブスクに関する
ビジネスや研究をしている人達がいます。長くやられている人ほど，継続的に
お客様との「関係性を担保しよう」とか「つながりを維持しよう」といったこ
とを主張しているというのが筆者の個人的な印象です。顧客とのつながりの話
が土台にあってその上に色々な話が積み上がってくるのがサブスクなのだと考
えてもらえればと思います。

③従来のサブスクの特徴

従来のサブスクと現代のサブスクの特徴を比較してみると「つながりが重要」という考え方がさらに明確になるので少し説明します。従来のサブスクは、顧客とつながるための手段も、つながりを維持するための手段も、非デジタルなタッチポイントでした。

たとえば新聞の定期購読を思い出してください。店頭やお客様宅などで対面にてご挨拶をして、紙の契約書で申込みをしてもらい、その後定期的にお客様宅に集金に伺い領収書をお渡しする。そして契約の更新時期がきたら改めて対面で契約のお申込みを頂く。すべてが対面の非デジタルな形で事業者は顧客と接点（タッチポイント）を持っていました。

④現代のサブスクの特徴

一方で、現代はタッチポイントがデジタルになっています。たとえばMicrosoftのサービスを利用するとき、WEBで申込みをすれば個人IDとマイページが作成され、メールアドレス等の連絡先と紐づき、決済はキャッシュレスで行います。契約更新時も誰とも会うことなく、会話することもなく、WEB上で作業が完結します。

使い続けてもらい、支払い続けてもらい、契約を更新し続けてもらう、そのために事業者が顧客に働きかけるタッチポイントが、非デジタルからデジタルに変わったことがわかります。現代のサブスクがデジタル化の潮流の中でどのように変わったかについては第2章に譲ります。

（3）　昔ながらのサブスクと従量課金を含むサブスクの例

従来のサブスクについて具体例を**図1.1**に載せました。固定電話、賃貸住宅、電気、いずれもサブスクです。一定期間において繰り返し定期的に課金が発生するサービスです。課金設計については第3章で解説しますが、いったんここでは初期費用、定額課金、従量課金の3つに分解して説明します。

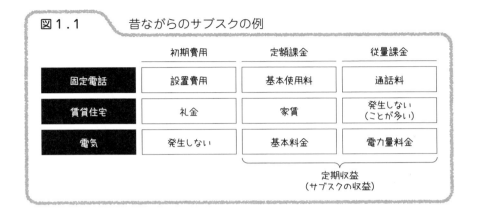

図1.1 昔ながらのサブスクの例

①固定電話

まずは固定電話です。固定電話を設置する際は設置費用を支払います。これが初期費用にあたります。設置費用を支払って設置してもらったら、月々の基本使用料が通話の有無にかかわらず発生します。これが定額課金です。さらに通話をすればするほど通話の量に従って通話料が発生します。これが従量課金です。そして、これらの定額課金と従量課金は毎月繰り返し支払う必要があります。

こうしてみると固定電話は昔から存在するし、定額課金だけでなく従量課金を含んでいるサブスクだとわかります。課金の構造としては現代のサブスクであるスマホと似ているので、イメージしやすいのではないかと思います。

②賃貸住宅の家賃

次に賃貸住宅です。賃貸住宅の中には敷金無料や礼金無料もありますが、入居するときに敷金や礼金が設定されていることも多いのではないでしょうか。基本的に敷金は退去時に返金されますが礼金は返金されませんので、礼金は入居時に支払う初期費用と言えます。

入居すると家賃を支払います。一般的に家賃は定額を毎月支払うようになっています。賃貸住宅に従量課金のサービスが付帯していることは珍しいと思いますが、筆者の経験では、水道料金や電気料金を家賃と一緒に支払う形態の賃

貸住宅に住んだことがあります。その場合，水道や電気の利用量に応じた従量課金が家賃と一緒に請求されるようになっていました。

このように賃貸住宅も一定期間に繰り返し支払いが発生していますし，昔から存在しますし，定額だけでなく従量の課金もあります。つまりサブスクです。

③電気料金

最後に電気です。新居に引っ越したら最初に電力会社に連絡すると思いますが，利用開始にあたり初期費用は無料です。しかし，毎月定額の基本料金は課金されます。電気の場合，使えば使うほど電力利用料が発生する従量課金なのは皆さんよくご存知と思います。

こうしてみると電気も一定期間に繰り返し支払いが発生していますし，昔から存在しますし，定額だけでなく従量の課金もあります。つまりサブスクです。

（4） 広義に捉えたサブスクの例

では次にサブスクを皆さんのイメージよりも広く捉えてみましょう，以下の例はサブスクといえるのでしょうか。1つ目は三河屋のサブちゃん。2つ目は離島に1軒だけの万屋さん。3つ目は独占市場のサービス。それぞれ順番に説明していきます。

①三河屋のサブちゃん

三河屋のサブちゃんというのはアニメのサザエさんに出てくるキャラクターです。筆者はサブちゃんほど優秀なセールスパーソンをあまり知りません。何が優秀かと言いますと，顧客である磯野家の調味料とかお酒の在庫状況をある程度把握していて，在庫が減ってきたよいタイミングで「ちわーっす，三河屋でーす！」と言ってやって来ては注文を取り付けていきます。しかも定期的に繰り返しやってくる。

初期費用は発生しませんし，定額課金が発生するわけでもない。注文した分だけしか課金が発生しない従量課金なのですが，サブちゃんによって三河屋さんと磯野家は「つながり」ができているわけです。磯野家はサブちゃんに依存

していてほかの酒屋さんに乗り換えられないくらいに強固なつながりになっているのかもしれません。サブちゃんの存在は顧客との継続的な関係性を担保していると言っていいでしょう。つまりサブちゃんはサブスクと言えます。

サブちゃんは，顧客とのタッチポイントを作り出し，関係性を維持し受注につなげる力に優れたセールスパーソンなのかもしれません。

②離島に１軒だけの万屋さん

次に離島に１軒だけの万屋さんです。田舎に行くとコンビニみたいに何でも置いている個人商店があったりしますが，このような店舗は離島にもあります。島にお店がその１軒しかなければ島民はそこで買うしかなくなります。

他所の土地であれば他の商店からの購入可能性があり，売り切りビジネスとして成立する商品やサービスであっても，離島の店舗の場合，顧客である島民からすればその万屋さんから買い続けるしかないわけです。つまり，つながりが担保されているということになりますから，これもサブスクと言えます。

③独占的な商品・サービス

最後に独占的な商品やサービスです。離島に１軒だけの万屋さんと同じような考え方です。顧客はほかから購入する余地がなければ同じ会社からの購入を続けるしかありません。つまり，つながり続けるしかないわけです。独占的な状態が維持されている限りにおいて，顧客との関係が担保されているので，これもサブスクと言えます。

（5） どんなビジネスも工夫次第でサブスクになる

ここまで説明してきたのは，そのビジネスがサブスクか否かを判断する基準は課金形態などではなく，事業者と顧客とのつながりを維持すること，継続的な関係性が担保されているか否かだということです。そこで，関係性を担保する工夫ができればどんなビジネスでもサブスクになることをここでは説明します（図1.2）。

8　第Ⅰ部　まずはココから　サブスクビジネスの基本

図1.2　　関係性を担保できればさまざまなビジネスがサブスクに

	初期費用	定額課金	従量課金
□ スーパーマーケットはサブスク化できるだろうか？			
一般のスーパー	―	―	通常価格
□ 継続的な関係性の"担保の程度"を強める工夫			
コストコ	―	年会費	割安価格
オーケークラブ	会員カードの発行費用	―	割安価格

①スーパーマーケットはサブスク化できるか

　一般にスーパーマーケットは売り切りビジネスだと考えられていると思います。仕入れた商材を売り切るビジネスで，月額いくらという定額課金が発生するような例はあまり見られません。また，初期費用を支払うといった例もあまりないでしょう。しかし，ここまでの説明のとおり，顧客との継続的な関係性を担保することができればスーパーマーケットもサブスクとして捉えることが可能になります。

　たとえば，皆さんの通学や通勤の途上にスーパーマーケットがあって，いつもその店舗で買い物をしているということであれば，継続的な関係性があるので，商品を買った分だけ支払う従量課金のサブスクと言うことができるかもしれません。ただし，継続的な関係性の担保の程度が弱いので，これをサブスクとするには，サブスクを広義に捉えていなければなりません。

　そうすると本当にサブスクと呼べるかが怪しくなってきます。そこで，スーパーマーケットというビジネスのサブスク度合いを高めるには，顧客との関係性の"担保の程度"を強める工夫が必要になります。事業者自身が意識しているかどうかは不明ですが，工夫の例としてCostco（以下，「コストコ」）とオーケーがあります。

②コストコも見方によってはサブスクになる

まずはコストコについてです。コストコは巨大な敷地を持つスーパーで年会費を支払うことでスーパーの中に入場できるようになる制度を採用していて，他所よりも割安価格で商品を購入できます。

商品は顧客が買った分だけ支払うので，いわば従量課金なのですが，顧客の心理としては「せっかく年会費を支払ったのだから元を取りたいし，割安だからコストコで買おう」というように，他所で買うよりもコストコで買いたいという気持ちにさせることで，顧客との関係性の担保の程度を強くしています。また年会費は年払いの定額課金ですから，支払いが発生するたびに元を取りたいという気持ちを想起させられている顧客もいるかもしれません。

③オーケーも見方によってはサブスクになる

関東に本社を置くスーパーマーケットのオーケーはオーケークラブ会員という制度があって，顧客が会員カードの発行費用を支払って会員になると，現金払いの場合に酒類を除く食料品を割安価格で買うことができます。これは定額課金ではなく入会時に一度支払うだけなので初期費用ということになります。

コストコと同じく商品は買ったら買った分だけ支払う従量課金ではありますが，これも顧客の心理としては「せっかく発行費用を支払ったし，割安だから他所で買うよりオーケーで買いたい」という気持ちにさせることで顧客との関係性の担保の程度を強くしています。

④関係性を担保する工夫次第でどんなビジネスもサブスク化できる

これら2つの例から言えることは，継続利用の契約をしていなくても，定額課金でなくても，課金形態を工夫するなどによって，顧客との間に繰り返し買ってくれる関係をつくることができて，その関係性を担保することができれば，従量課金が継続的に発生するので，まるでサブスクのようにビジネスができるということです。

ただし，担保の程度がどの程度であればサブスクなのかというのは難しい問題です。毎日通っている顧客だから担保の程度は強いのか，では毎月1回だけ買ってくれる顧客はどうなのか，毎日のように通学途中に買ってくれていたお

客さんは，いつか卒業して引っ越してしまうだろうと考え始めると，担保の程度の強さを客観的に測定して，一定の基準以上であればこのビジネスはサブスクです，などと判断することは現実には困難だろうと思われます。

　ですが，だからこそ事業者がサブスクとしてビジネスをしようとすれば，工夫が可能で，工夫次第でビジネスをサブスクとして扱える，ということは知っておいたほうがいいでしょう。

２．サブスクビジネスの特徴

　ここまではサブスクの定義を確認しながら，工夫次第で売り切りビジネスをサブスクに変えることができると説明しました。ここからは，経営者や事業者にとってビジネスをサブスクにすると，経営上どのような利点があるのかということも含めて，サブスクビジネスの特徴に関する一般的な言説について触れていきます。

（1）　特徴1：収益の「予測可能性」の高さ

　特徴の1つ目は，サブスクの収益は「予測可能性が高い」ということです。

①売り切りビジネスは収益の見通しが不安
　図1.3の左側は売り切りビジネスの収益を表現しています。売り切りビジネスでは「今日の取引が明日の収益を保証しない」と言ったりしますが，今日売れたからと言って明日も売れるかどうかがわかりません。収益が多いときがあれば少ないときもあります。夏場は暑いからカキ氷が売れるはずだけど，雨が降ると寒くなって売れ行きが悪くなります。暑い日や寒い日がどのくらいあるのかは予測が難しいのです。売れる日があれば売れない日もあります。今日10個売れたから明日も10個売れるという予測が成り立ちにくいのです。よって常に将来の見通しが不安ということになります。

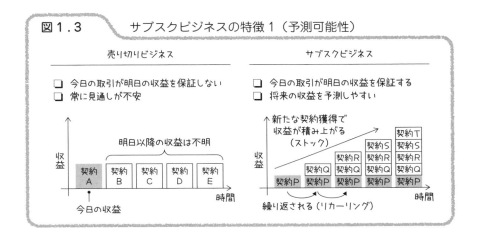

②サブスクは将来の収益を予測しやすい

一方で図1.3の右側はサブスクビジネスの収益を表現しています。サブスクは「今日の取引が明日の収益を保証する」という言い方をします。契約してしまえば翌日以降もずっと顧客が支払い続けてくれるので収益が発生し続けるということになります。

たとえば、賃貸マンションを2年契約で貸し出せば、契約した時点で2年先まで毎月家賃収入が発生することが見通せます。収益の発生頻度が家賃のように月次のものであれば毎月繰り返し収益が発生します。

③サブスクの収益の呼称

繰り返し発生するので、サブスクの収益は「リカーリング収益」とも呼ばれます。また、獲得した契約が増えるほど将来にわたって収益が積み上がっていくので「ストック収益」とも呼ばれますし、定期的に収益が発生することから「**定期収益**」とも呼ばれます。またサブスクの収益だから「サブスク収益」と呼ぶ人もいます。ほかにも、繰り返し固定的に発生するから「固定収益」や「固定売上」などと呼ばれたりもします。

これらの、繰り返したり積み上がったりする性質によって収益の予測可能性が高くなるのですが、より詳細な説明は第5章に譲ります。サブスクの収益の

呼称が色々ありますが，どの呼び方が正解ということはありませんので，会話の相手や所属した会社の文化に合わせるのがよいかもしれません。

（2） 特徴2：「契約してからが勝負」

サブスクビジネスの2つ目の特徴は「サブスクは契約してからが勝負」ということです。対照的に「売り切りビジネスは売るまでが勝負」ということになります（図1.4）。以下，もう少し詳しく両者の違いを説明しましょう。

①売り切りビジネスは売るまでが勝負

売り切りビジネスは売ってしまえば顧客との関係が終わります。ですから，顧客の期待のピークが売れる瞬間にくるような販売をします。皆さんも買った瞬間や直後に気持ちが覚めたことはないでしょうか。もしくは買ってから数日したら，「どうしてこんなものを買ってしまったのか…」と後悔したことのある人もいるかもしれません。

売り切りビジネスの商品やサービスを買った後に，後悔しながらカスタマーサポートセンターにクレームの電話をした際，コールセンターの担当者に冷たくあしらわれたりした人もいるかもしれません。

このようなことを顧客に対してできるのは，売れてお金を受け取ってさえし

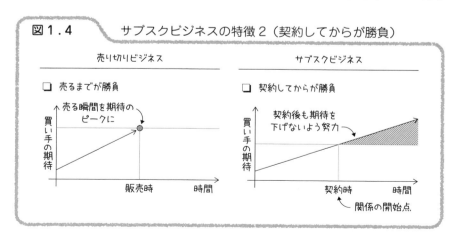

図1.4　サブスクビジネスの特徴2（契約してからが勝負）

まえばその顧客との関係が切れてしまうからです。同じ顧客が繰り返し収益を
もたらすとは考えないわけです。

　実際にはこのような販売手法の売り切りビジネスばかりではありませんが，
サブスクとの対比においてはこのように説明がなされます。

②サブスクは契約してからが勝負

　一方，サブスクビジネスでは契約した後のほうが顧客を大事にします。利用
を継続してもらい，利用期間中に繰り返し支払ってもらうことで，収益を繰り
返し発生させるのがサブスクだからです。契約によって顧客との関係が始まっ
たとしても，利用し続けてもらえるように努力を継続しなければいけないのは
大変なことです。

　たとえば，Netflix や U-NEXT は契約した後も視聴し続けてもらうために，
視聴できるコンテンツを増やす等の努力をしていますし，スマホゲームも遊び
続けてもらうために新たな開発をしてバージョンアップを繰り返したりキャン
ペーンをしたりと，ユーザーに楽しんでもらい続けるための努力をしています。

（3）　特徴3：「関係が長期化するほど儲かる」

　サブスクビジネスの3つ目の特徴は「関係が長期化するほど儲かる」という
ことです。これは投資と回収の例を用いて説明できます。

　図1.5をみてください。サブスクにおいては，顧客獲得費用（CAC：
Customer Acquisition Cost）が最初に大きく発生します。これは顧客を獲得
するための販促費です。たとえば，入会してくれたら5,000ポイントプレゼン
トキャンペーンやキャッシュバックキャンペーンが典型例です。顧客を獲得す
るために大きな費用を発生させたとしても，顧客がサービスを使い続けてくれ
れば収益が発生し，やがて費用を回収できるでしょう。

　ただし，収益が発生し続けているということはその顧客にサービスを提供し
続けているので，収益に応じた原価や経費等の費用が発生しています。この継
続的に発生している収益と費用の差分が毎期の利益となりますが，顧客獲得費
用が最初に大きく発生するため，しばらくの間は累積では赤字です。

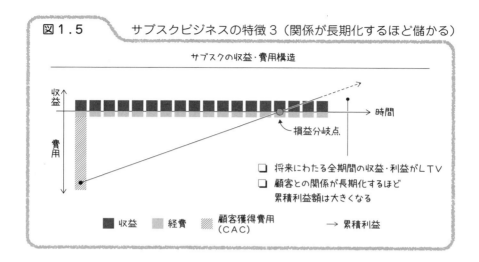

図1.5 サブスクビジネスの特徴3（関係が長期化するほど儲かる）

　この赤字分を取り戻すためには，長い時間をかけてサービス提供による利益を生み出す必要があります。時間をかければいつかは，損益分岐点に到達して累積損失が解消し，さらに時間が経過してもサービスが利用され続けていれば，今度は累積の利益はどんどん大きくなります。

　このように顧客との関係性が長く続けば続くほど，利益が繰り返し生まれては積み上がっていくことになり，事業者が儲かります。一方で顧客との関係が短くなればなるほど，顧客獲得費用を取り返すことができずに事業者は損をしてしまうのがサブスクだということです。契約してからが勝負という説明とも相性がよいと言えます。

　図中に記載のあるLTVやCACなどの指標については本書の第Ⅱ部で取り上げて説明します。この後も何度も出てきますので，契約や顧客を獲得するための販促費を顧客獲得費用（CAC）と呼ぶことは覚えておいてください。

（4）　特徴4：「経営の安定」が見込める

　サブスクビジネスの4つ目の特徴は「経営の安定」です。図1.6の上側の図がサブスクの収益である定期収益が発生しない場合の損益構造です。売り切

りビジネスの収益ということになりますが、定期収益と対比して説明する場合、定期収益ではない収益なので**非定期収益**と呼びます。非定期収益は定期収益のように固定的に毎月繰り返し発生するものではありませんから変動収益とか変動売上とも表現します。

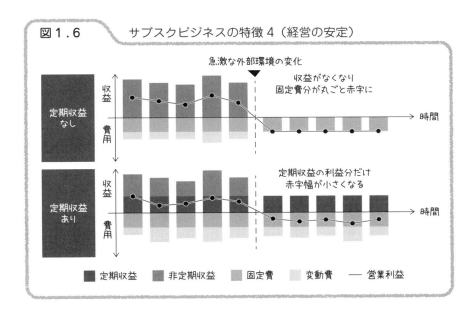

図1.6　サブスクビジネスの特徴4（経営の安定）

①収益のすべてが非定期収益の場合

　図1.6の上側は収益の構成の100％が変動ですが、費用は固定と変動の両方を抱えています。店舗商売などでは、非定期なサービスの提供によって変動の収益が発生し、サービス提供にともない変動費が発生します。変動費のほかに賃料や人件費といった固定費が発生し、これらの費用と非定期収益の差分が利益という構造です。

　定期収益がないときに、感染症の流行や災害等の外部環境の突然の変化があって店舗にお客さんがまったく来られなくなると、収益がすべてなくなります。非定期収益が減っていけば変動の費用も減っていきますが、固定費は減りません。そうすると固定費の分だけ丸ごと赤字になります。

②収益のなかに定期収益が含まれている場合

一方，図1.6の下側は定期収益の比率が収益全体の半分である場合を表しています。先ほどと同じく店舗商売をイメージしていますが，外部環境の突然の変化があったとしても，定期収益が突然なくなることはありません。残りの半分の非定期収益だけがなくなります。すると定期収益によって固定費を幾分か賄えているため，上側の図に比べて赤字が小さくなります。

収益の全体に占める定期収益の割合が大きいほうが外部環境の変化に強く経営が安定しやすいため，倒産しにくいだろうと考えられます。ただし，定期収益があれば絶対に安心とは言えません。詳しいことは第5章で説明します。

● 第1章のまとめ
① サブスクは最近普及したのではなく昔から存在している
② サブスクという言葉に公式な定義は決まっていないが本書では「顧客との継続的な関係性が担保されている状態」としている
③ サブスクは顧客との関係性やつながりに注目している
④ 売り切りビジネスも顧客との継続的な関係性の"担保"の程度を強める工夫次第でサブスクとして扱える
⑤ サブスクの特徴として「予測可能性が高い」「契約してからが勝負」「長期化するほど儲かる」「経営の安定」が一般的には挙げられている

トレーニング　　　　　　　　　　　　　　　　解答・解説はコチラから

Q1-1 顧客との継続的な関係が担保されている商品には，どのようなものがあるでしょうか。本書で紹介されている例以外に，3つ挙げてみましょう。

Q1-2 ある顧客（X社）から，月額3,000円の会費を徴収するサブスク形態のビジネスを考えてみます。もしX社が3年間は確実に契約を続けている場合，3年間の合計でX社からいくらの売上を得ることができるでしょうか。

Q1-3 X社を自社の顧客として獲得するための費用が18,000円，毎月の経費が売上の40%の場合，3年間にわたる自社の累積利益を答えなさい。

Q1-4 X社から利益を得るためには，最低限，どれだけの期間契約を続ければよいでしょうか。言い方を変えれば，自社の累積利益がゼロになるのは，契約期間が何カ月のときでしょうか。

Q1-5 売上における定期収益の比率が高い場合，その商品に対する需要が急激に減少したときに利益はどのように変化するか，定期収益の比率が低い場合と比較して答えなさい。

第 **2** 章

技術革新はサブスクを
どのように変えたか

1．技術革新とサブスク

　本章では**技術革新**とサブスクの関係を説明します。両者の関係を知ることで，さらにサブスクについての理解が深まります。技術革新と言っても蒸気機関や電気の発明といった広い話題ではなくて，**IT/DX** といった昨今の流れの中での話になります。

（1）　サブスクは囲い込みのビジネス

　前章では，サブスクとは「顧客との継続的な関係性が担保されている状態」のことと説明しました。要は顧客とのつながりのことで，顧客といかにしてつながり続けるかがサブスクの本質です。よって，サブスクではこの状態を作り出すための努力をしています。その努力を経済学の用語を用いて表現すると次のようになります。

　「**LTV**（Life Time Value）を最大化するために**スイッチングコスト**を高めて，顧客を**ロックイン**して，**ホールドアップ**（もしくは**カスタマーサクセス**）させるビジネス」

　これを簡潔に解説するならば，サブスクビジネスを営む企業は「顧客を囲い込む」ということです。この顧客の囲い込みと IT/DX とは相性がよいのです。

Glossary：スイッチングコスト

スイッチングコストは，顧客が現在利用している製品やサービスからほかの製品やサービスに"乗り換える際に発生する費用"であり，取引コストの一種。金銭以外にも投じた労力や時間，学習コスト，データ移行の手間などが含まれる。サブスクにおいては，スイッチングコストを高めることで解約率の低減を狙う。

Glossary：ロックイン

ロックインは，顧客が特定の製品やサービスに依存し，ほかの選択肢に乗り換えることが困難になる状態を指す。スイッチングコストが高くなるほど顧客はロックインされる。心理的な要因によってロックインされることもある。サブスクではロックインによって解約率の低減を狙う。

Glossary：ホールドアップ

ホールドアップは，取引関係において一方が他方に対して不利な条件を押し付ける状況を指す。サブスクでは，顧客が特定のサービスに依存しすぎると，サービス提供者による価格引上げや条件変更を受け入れざるを得なくなる。

また，LTV の最大化はどのようなビジネスをしている事業者にとっても共通の願いですから，どのようなビジネスも基本的には顧客を囲い込みたがっています。つまり，あらゆるビジネスの事業者がサブスク化を志向しようとすると言ってもよいでしょう。

詳細は第6章で解説しますが LTV は顧客生涯価値ともいい，1人の顧客が生涯にもたらす価値の合計額を示す指標です。LTV が大きいほど事業者に大きな価値がもたらされます。スイッチングコスト，ロックイン，ホールドアップは経済学の用語ですので，上記 Glossary（用語解説）も参考にして頂けると理解がより深まります。これらは第10章から第12章で取り上げるカスタマーサクセスを理解するためにも重要な用語です。

（2） IT/DX 前と IT/DX 後のよくある囲い込みの例

① IT/DX 前の囲い込み施策

　昔からよく見るサブスクの囲い込み施策に紙のスタンプカードがあります。スタンプを貯めれば貯めるほど良い景品がもらえたり，割引や無料サービスが受けられたりする特典が得られるカードです。

　スタンプが少ししか貯まっていいないときはスタンプを貯めるのをあきらめたり，貯める気すら起きなかったりしますが，あと少し貯めれば特典がもらえるとなれば，他のお店では買わずに同じお店で買い物を続けたりしませんか。

　残り1つや2つであればそうするかもしれません。では残り3つならどうでしょうか。4つならばどうでしょう。人によって感じ方がさまざまですが，スタンプが貯まれば貯まるほど，スタンプを発行したお店で買い物をし続けてしまうのは顧客がロックインされているからです。

　なぜロックインされてしまうかというと，スタンプが貯まれば貯まるほどスイッチングコストが高くなるからです。スタンプをたくさん貯めているということは特典を得るために投じた金額が大きくなっていて，途中であきらめてしまうと貯めたスタンプを放棄することになり，たくさん投じたお金が無駄になってしまいます。逆にスタンプの数が少ないうちは投じた金額が小さいので無駄にしてしまってもあきらめがつきます。スイッチングコストが低いということです。このように顧客はスタンプカードとその特典によって囲い込まれているのです。

　さらにいえば，もし，残り1つのスタンプを集めれば特典が得られるという状況を狙ってお店が値上げをしてきたらどうでしょうか。値上げを受け入れる人のほうが多いかもしれません。つまりホールドアップということです。

　ただし，一見してホールドアップしているように見えても，その後も新たにスタンプを集め続ける人がいれば，それは特典による便益が値上げによる損失を上回っているなど何らかの成功を顧客が得ているのかもしれません。この場合はホールドアップではなくカスタマーサクセスと呼んでもいいでしょう。

　筆者（藤原）は1981年生まれですがスタンプカードは私が子供のころから見

かけましたし，今でもよく見かけます。日本では1995年が IT 革命と言われたりしますが，顧客を囲い込むことで顧客とのつながりを維持しようという試みは IT 革命以前にもすでに存在していました。

② IT/DX 後の囲い込み施策

スタンプカードは2020年代の今ではどうなっているでしょうか。皆さんご存知のようにスマホのアプリや WEB ブラウザで自分の**アカウント**が作成されて**マイページ**も作られ，そのマイページには ID とパスワードを使ってログインできるようになっています。

スタンプの代わりにポイントが貯まるようになっていて，貯まれば貯まるほど嬉しくてまたそのお店で買い物をしてしまう。しかも店舗ではなく WEB やアプリの中の EC サイトで買い物を繰り返す。これも囲い込みです。紙がデジタルに変わってはいますが考え方は同じです。ポイントが誘因となって顧客はスイッチングコストが高まりロックインされているのです。

もっと言えば，EC サイトでもクレジットカードでも店舗のアプリでもなんでもよいのですが，ある日突然ポイント制度が改悪されたのにそのサービスを使い続けている経験は皆さんにもありませんか。そうなったときの自分の行動を振り返って，ホールドアップしているのかカスタマーサクセスしているのかを考えてみるのもよいでしょう。

（3） IT/DX の効能

紙がデジタルになると消費者にとって持ち歩く紙が減りますし，物理的に紛失してしまうリスクから解放されるのでよいことなのですが，事業者にとって何がよいのかも重要です。たとえば事業者は以下のようなことができるようになります。

- ・データの収集・蓄積
- ・購買行動分析と顧客に対する購買リコメンド
- ・利用料の自動計算や請求
- ・オンライン決済・キャッシュレス決済

22　第Ⅰ部　まずはココから　サブスクビジネスの基本

・契約書や領収書等ペーパーレスの書類・証憑発行
・契約管理・顧客管理の一元化
・通貨性のあるポイントシステムや時限失効するポイントシステム
・割引コードの発行
・各種データの分析とリアルタイムでの自動計算　など

　上記が実現できるのは紙と手作業をやめてデジタル化しているからです。紙と手作業の時代に実現しようとすればとんでもない労働量と仕組化が必要とされますし，計算速度の問題で実現不可能と言っていいくらい難しいことでした。それが今では大企業はもちろん実現していますが，小さな商店であっても上記の一部を実現することは可能になっています。

　これは，技術革新とIT/DXの普及によってもたらされた世の中の変化です。そして，これらの変化によって以前まではサブスクにすることが難しかったビジネスもサブスクに変えることが可能になってきました。

2．技術革新とサブスクの普及

　サブスクは「予測可能性の高さ」や「経営の安定」といった経営上の利点があります。また顧客との関係が「長期化するほど儲かる」という特徴を有しているため顧客の囲い込みを志向する事業者にとってサブスクは魅力的なビジネスモデルです。また，前章では工夫次第でどのようなビジネスであってもサブスクとして扱えることも説明しました。

　しかし，だからといって，どのようなビジネスでもサブスク化できるかと言えば，以前はそうではありませんでした。もう少し正確に言うと，絶対に不可能とは言わないが技術的な制約によって大きなコストがかかるなど現実的ではなかったといったところでしょうか。

　世代の分け方に共通見解があるわけではないのですが，ここではサブスクを便宜的に3つの世代に分け，技術革新とともにサブスクの可能性が広がっていることを説明します（**図2.1**）。

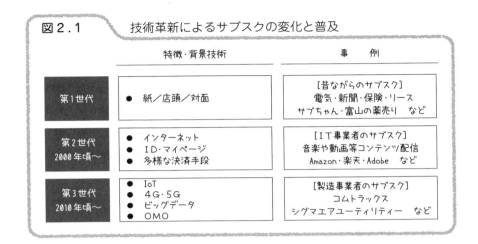

（1） 第1世代のサブスク

　第1世代は昔からあるサブスクです。紙の契約書，対面や店頭でのやり取りによって顧客との継続的な関係性を担保していた世代です。具体的には電気，ガス，新聞，雑誌，牛乳配達，定期券，保険，融資，リース，月謝，ライセンス，ロイヤリティなど。ほかにも，三河屋さんのサブちゃんの御用聞きとか飲食店のツケ払いなどです。第1世代ではなく第0世代といったほうがよいかもしれませんが，もっと古いものでいえば富山の薬売りも挙げられます。

　ツケ払いはどこの誰ともわからない信頼できない人が相手だったりして顧客との関係性が切れることが前提の場合は踏み倒されるのが怖くてできないことを鑑みると，継続的な関係性が担保されている状態だからこそできるビジネスと言うことができます。

　念のため補足しておくと，第1世代のサブスクを見れば第1章で言及した「『サブスクは最近出現したビジネス』は勘違い」ということを改めて認識できると思います。

（2） 第2世代のサブスク

　第2世代のサブスクは2000年頃から出現し始めました。インターネットの利用率が向上してIDとかマイページを個人が持つのが普通になってきました。これにより，顧客と事業者が接触するポイント（タッチポイント）が以前までの紙での手続きや店頭などでの対面から，デジタルなタッチポイントに変わってきたのです。また，この頃に決済手段も多様化してどんどん普及してきたことが相まって，取引がWEB上で完結できるようにもなりました。

　これが第2世代のサブスクです。この頃出てきたビジネスの例としてはAmazon，楽天，Adobe，Microsoftなど皆さんもよく知っているIT事業者のサービスが多いです。

（3） 第3世代のサブスク

①第3世代の潮流

　2010年頃からを第3世代としています。2018年に経済産業省の『DXレポート～ITシステム「2025年の崖」の克服とDXの本格的な展開～』が公開され「2025年の崖」といった言葉が話題になり，日本経済の将来のためにはDXが急務といった機運が高まりました。サブスクという言葉が雑誌やメディアを賑わすようになって流行語大賞にノミネートされるなど一般的に広まってきたのもこの頃です。しかし，世の潮流は2010年頃にはすでに大きく動いていました。

　まず**IoT**です。それまでインターネットはパソコンのモニターを通じてWEBブラウザで見るもの，もしくは，スマホのアプリの中で見るものでしたが，IoTの登場によってインターネットがモノに組み込まれるようになりました。さらに**OMO**の登場もこの頃なのですが，こちらは後ほど説明します。

　モノにインターネットが組み込まれたことによって，モノをユーザーが利用したときに利用情報が回線を通じてメーカーに届くようになりました。**4G**や**5G**の回線を使って大量に速くデータが届くのですが，これを解析したり情報処理したりして活用するには**ビッグデータ**が重要になります。最近ではこ

れに **AI** の活用も加わります。これらの技術を背景にモノを提供する事業者が台頭してくるのが第3世代のサブスクです。

　具体例としては，コマツのコムトラックスや KAESER 社のシグマエアユーテリティーが知られています。IoT のサブスクを取り揃えている東京センチュリーの IoT SELECTION といったマーケットプレイスもあり，IoT のサブスクが広がっています。

②第3世代の潮流がサブスクにもたらした変化

　メーカーは流通を介してユーザーにモノを届けているため，本来ユーザーと直接連絡を取り合うことは難しいのですが，モノにインターネットが組み込まれているのでユーザーがどのような使い方をしているのかがインターネット経由でわかるようになりました。モノを通じて顧客と直接連絡を取り合えば，モノを通じてサブスクができるというようにメーカーをはじめ事業者たちが考えるような世の中に変わってきています。

　たとえば，ドイツの KAESER 社はコンプレッサーというモノを作って売るビジネスを以前まではしていましたが，今では「コンプレッサーが圧縮した"空気" というサービス」をサブスクで提供する会社になっています。メーカーがサービスをサブスクで提供する会社へと変化していった KAESER 社の例は3ページに示した『SMART サブスクリプション』に詳しいのであたってみてください。

　最近では「製造業のサービス化」を意味する「**サービタイゼーション**」や「**モノ売りからコト売りへ**」という言葉も広まってきており，サブスクの変化や普及とともに消費者行動や世の中も変わってきています。

3．サブスクの普及の裏側に管理業務用ツールの技術革新

　サブスクは古いビジネスモデルですが，従来は技術的な理由で不向きな業態もありました。しかし，技術が発達したことによってサブスクに新規参入できる業態の裾野が広がっていることはここまでの説明のとおりです。

今後も技術が発達することでサブスク参入へのハードルはどんどん下がっていくだろうと予想されます。それと同時に顧客との継続的な関係性を担保するための手段もどんどん多様化していくのだろうと思います。

ですが，顧客との継続的な関係性を担保する際，すべてのサブスクの事業者にとって避けて通れないのがいわゆる**管理業務**や**バックオフィス業務**と呼ばれる事務仕事です。

売り切りビジネスは商品を販売するときに請求書を発行し，代金を回収し，領収書を発行します。売り切りビジネスではこの一連のやり取りは1回で完結します。業態によっては利用規約や契約書の発行すらないこともあります。

一方でサブスクは顧客に定期的に課金するため，上記の一連のやり取りを繰り返し何度も行います。さらに，契約期間中のプラン変更や解約などの契約に関する事務も発生します。ですから，顧客別に契約状況や支払状況を継続的に管理し続ける必要があります。それなりの規模のビジネスになってくると，これらの管理業務を手作業で遂行するには大きな負担がかかります。

さらに言えば，先述した第1世代のサブスクには定額課金が多いのには理由があります。電気やガスのように大企業がたくさんの人手をかけている場合を除けば，IT/DXが普及していない時代に従量課金を採用すると，毎月毎月，顧客別に利用量を計測して利用量に応じた金額で請求書を作成することになるので，あまりにも管理業務の負担が大きくて実現が難しかったのではないでしょうか。

昨今ではIT/DXの発達によりサブスクの管理業務用のツールがあるので管理業務の負担が大きく軽減されています。ツール導入に費用負担は生じますが，すべてを手作業で実施するときの人件費に比べれば安くつくことが多いため，サブスクへの参入ハードルが下がります。

ツールはZuora，Bplats，サブスクストア，アクセルギア，ソアスク等が有名なのでよかったらサービスサイトを参照してみてください。ほかにも昨今ではさまざまな会社がツール開発に挑戦しており，新しいツールがどんどん世の中に出ていますので調べてみると面白いのではないかと思います。

4．OMO

　OMO（Online merges with Offline）はオンラインとオフラインの融合した社会のことを言います。

　たとえばマクドナルドで食事をする場面を思い出してください（figure 2.2）。昔は入店したら座る席を確保して，カウンターに行って注文と決済をし，完成したハンバーガーを受け取ったら，確保していた席に戻って食事をして，食べ終わったらゴミをゴミ箱に捨てて帰るという体験でした。

　今ではマクドナルドのアプリをスマホにインストールしておくことで次のような体験に変わります。入店したら座る席を確保して，座ったままアプリの中で注文と決済をして席番号を指定します。カウンターに取りにいかなくとも店員さんが席まで食事を持ってきてくれるので，席で完成したハンバーガーを受け取って食事をして，食べ終わったらゴミをゴミ箱に捨てて帰ります。

　このようにオンラインとオフラインを融合させることで利便性が向上します。ただし，これを実現するには顧客がアプリに登録をする必要があります。登録

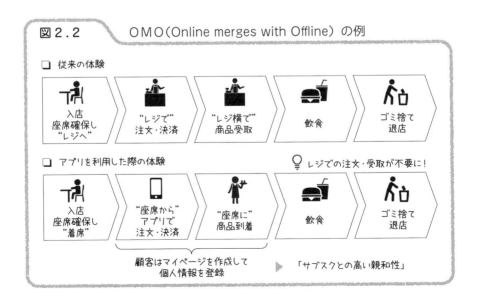

図2.2　OMO（Online merges with Offline）の例

が済めば顧客はIDとパスワードでログインできるマイページを持つことになり，そこに個人情報やクレジットカード情報を登録することになります。つまり事業者が顧客を囲い込むための情報を登録するのですから，サブスクとOMOは相性がよいと言えるでしょう。

●第2章のまとめ
① サブスクは「顧客との継続的な関係性を担保」するために顧客を囲い込む
② 「LTV最大化のためにスイッチングコストを高めて，顧客をロックインして，ホールドアップ（もしくはカスタマーサクセス）させるビジネス」つまり顧客を囲い込むのがサブスクである
③ サブスクはIT/DXと相性がよい
④ サブスクは経営上の利点があるが，従来は技術が制約となって導入できない業態もあった
⑤ 技術革新とともにIT/DXが普及することでサブスクへの参入ハードルが下がり続けている

トレーニング　　　　　　　　　　　　　　　解答・解説はコチラから

Q2-1　DXによって可能になったサブスクリプションを，本書で紹介されている例以外で考えてみましょう。どのような例がありますか。
Q2-2　身近な例を用いて，顧客がホールドアップの状況で囲い込まれているケースを「スイッチングコスト」という用語を用いて説明してください。
Q2-3　マクドナルド以外のOMOの例を1つ挙げ，どのようなサブスクビジネスが考えられるか説明してください。

第 **3** 章

サブスクの課金設計

1．課金と IT/DX

（1） 課金設計の重要性

　課金設計はサブスクのビジネスにおける醍醐味の１つです。サブスクは「顧客との継続的な関係性を担保」しているので顧客にずっと課金し続けることができるのですが，その際に考えるべきことがあります。

　定期的に課金するのか，利用のつどの課金にするのか。毎月課金するのか，毎年課金するのか，それとももっと別の頻度やタイミングで課金するのか。課金額は定額なのか，従量で決まるのか，それとも組み合わせるのかといった具合です。

　身近な例としては，スマホや電気の**課金形態**はとても複雑です。初期費用があり定額部分もあり，従量部分もあります。さらに従量部分も段階別に課金額が変わるなどといった形です。

　サブスクの課金は考えれば考えるほど複雑なのですが，事業者が事業を持続的なものにするためにも，「顧客との継続的な関係性を担保」するためにも課金形態の設計はとても重要な事項です。

（2） 課金設計の自由度と IT/DX の発達と普及

　IT/DX が普及する前のサブスクは定額課金が多い印象があるかと思います。第２章でも言及しましたが，昔ながらのサブスクでパッと思いつく従量課金はガスや電気などわずかです。

一方，定額課金であれば定額で毎月同じ金額を請求するため，従量を計測したり金額を書き換えたりしなくてよいのでIT/DXに頼らなくても従量課金に比べればかなり少ない労力で課金ができます。

現代のサブスクにおいてはIT/DXの発達と普及によって，そうした複雑な課金形態が実現できるようになりました。自動で従量が計測できるようになったり，請求額が計算できるようになったりしたからです。また契約形態の変更によって課金額が変わることへの対応のほか，契約の開始と終了も自動処理できるようになりました。

このような技術的な背景の中でサブスクを考えられるので，課金設計の自由度は昔に比べれば各段に上がっています。課金設計を知っているか知らないかがビジネスの勝敗の差につながるかもしれません。

2. 課金の基本的な組み合わせ

サブスクの課金設計は，次の4つの項目の課金の有無を考えるのが基本的な考え方です。ここで説明する以外の考え方もあるかもしれませんが，世の中にあるサブスクの課金形態はおおむねこれで説明が可能でしょう。

- ・初期費用の有無：契約開始時に発生する課金
- ・定額課金の有無：契約期間中に発生する課金
- ・従量課金の有無：契約期間中に発生する課金
- ・違約金の有無：契約終了時に発生する課金

図3.1に示すように初期費用は契約の最初に発生します。フィットネスジムの入会金やスマホ契約の事務手数料などが該当します。補足しておくと初期"費用"はほかの呼称の仕方でもイニシャルコストや導入費用などと費用を連想させて紛らわしいのですが，顧客からみて費用なのであって，事業者からみれば収益です。

定額課金と従量課金は契約期間中に繰り返し発生するので，継続課金とも呼びます。フィットネスジムならば定額で毎月支払うことが多いのではないで

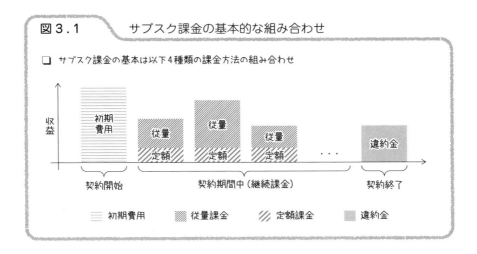

図3.1 サブスク課金の基本的な組み合わせ

しょうか。スマホならば使ったら使っただけ通信料を支払うプランもあるかと思いますので、これらを想像してもらえれば理解が早いでしょう。

また継続課金を収益として捉えるときに定期収益などと呼びますが、さまざまな呼称があることは第1章で言及したとおりです。

違約金は契約を解除する際に発生します。たとえば、少し前まで携帯電話の契約において2年縛りというものがありました。契約から2年以内に解約すると違約金を支払うというものです。

本書では初期費用、定額課金、従量課金、違約金と呼称していますが、契約の中でこれらと同じ機能をもつ課金形態についてその契約固有の呼称がついていたり、他の呼称が使われたりすることもありますので、課金形態の呼称について実務上は注意が必要です。

3．費用の回収を意識した課金設計

（1） 課金の裏側で費用が発生することを考慮する

課金という言葉は「利用者から料金を徴収すること」を意味していましたが、近年では「スマホゲームに課金する」のように利用者が支払うことを意味する

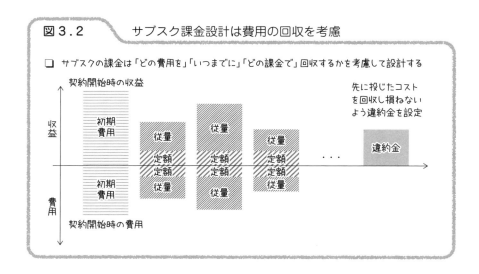

使い方が見られるようになってきました。それもあってか、サブスクの課金設計を検討する際に課金をされる消費者やユーザーの視点になって考えてしまいがちです。

　ですが、事業者側の視点に立つと、サービスを提供するために費用をかけており、費用を回収できなければそのビジネスは持続せず結果的に顧客との継続的な関係性が終わってしまうことになります。顧客との継続的な関係性を担保するためにも、課金設計の検討においては「発生する費用をいつまでにどの課金で回収するか」を考える必要があります（**図3.2**）。

（2）　課金項目の裏側にある事業者側に発生する費用

①初期費用：契約開始時に発生する費用の回収

　契約開始時に発生する費用を回収するのが初期費用です。初期費用を顧客に課金することで回収します。たとえば、フィットネスジムは入会時に契約手続きや決済手段の確認のほか、職員がオリエンテーションと称して施設や設備の説明をしたりジムの利用ルールを説明したりするかもしれません。これらは入会時に発生する費用なので、入会金を顧客に請求することで回収していると考

えることができます。

②継続課金（定額課金・継続課金）：契約期間中に発生する費用の回収

契約期間中は顧客に継続的にサービスを供給していますので，供給に必要な費用が継続的に発生します。ですから，継続的に課金することでその費用を回収します。定期的に発生する場合もあれば従量で発生する場合もありますが，何かしらの費用が発生しているので回収するためには定期的かつ継続的に課金することを考えます。フィットネスジムの例だと，施設の家賃や設備の減価償却費のほか水道光熱費などもこれにあたると考えることができます。

③違約金：契約終了時に発生する費用の回収

契約期間の途中で解約された場合に顧客に課金します。契約期間満了までサービスを利用し続けてもらえていれば回収できていたはずの費用が契約期間の途中で解約されると回収できなくなるためです。回収できないと事業者は損をしてしまいますので，途中で解約されたときのために違約金を設定することで未回収になってしまうかもしれないリスクに備えます。

（3）　課金と費用は対にならなくてもいい

課金項目と発生する費用が対になっている場合はわかりやすいのですが，現実には複雑な課金形態のサブスクが世の中にはたくさんあります。課金項目と発生する費用の組み合わせをさまざまに組み替えるなどして課金設計を行うことで，魅力的なサブスクを生み出すことができるようになります。

4．課金設計の考え方

（1）　課金の組み合わせは無限大？

ここでは費用の発生と顧客への課金が対にならない課金形態の設計について考えます。考える際に役に立つのが図3.3です。契約開始時，契約期間中，

34 第Ⅰ部 まずはココから サブスクビジネスの基本

図3.3　サブスクの基本的な課金設計のための表

❏ 基本的な課金（収益）・費用の組み合わせだけでも256通りの組み合わせが存在
❏ より細かな調整を行うことで課金設計の可能性は無限大

課金分類	課金 （収益）		費用		補足
初期費用	○	×	○	×	「課金○・費用○」の例：システムの導入・カスタマイズ 「課金×・費用○」の例：キャッシュバック・ポイント還元
定額課金	○	×	○	×	以下の組み合わせにより複雑な課金設計が可能
従量課金	○	×	○	×	例：無料期間・ボリュームディスカウント・長期割・ 　　グレード別課金・オプション別課金
違約金	○	×	○	×	中途解約等による費用の未回収リスクを避ける

契約終了時のそれぞれに課金有無と費用有無を考慮することでさまざまな課金形態を考えられるようになります。

たとえば，契約開始時の課金だけでも次のように4通りになります。

① 課金あり費用あり
② 課金あり費用なし
③ 課金なし費用あり
④ 課金なし費用なし

ということは，契約開始時に4通り，契約期間中に4通り，契約終了時に4通りとなって4の3乗で組み合わせは64通りとなります。契約中の継続課金を定額課金と従量課金に分けるとさらに4通りが加わり，4の4乗で256通りです。

さらに，定額課金に2種類の従量を組み合わせたり，毎月の購入額に応じて段階的にボリュームディスカウントをしたり，ほかにも無料トライアルや値引きや，長く使うほどお得になる長期割などと細かい設定を追加していけば，課金設計の可能性は無限にあるのかもしれません。

（2） 契約開始時：初期費用の課金有無と費用の有無

①課金あり（課金額大）・費用なし（費用小）

　契約開始時に費用が発生しないか，もしくは小さな費用なのに初期費用を顧客に課金することもあり得ます。入会時にほとんど費用が発生しないようなコミュニティビジネスや習い事の入会金などが該当します。

　費用が発生しないので入会金を回収できればそのまま利益になりますが，入会金を設定しておくことで入会金無料や半額のキャンペーンを行えるようにもなります。また，初回入会時のみ無料とすれば，再入会時に入会金を支払いたくない顧客は契約を終了しにくくなるなどといった効果も見込めます。

②課金なし（課金額小）・費用あり（費用大）

　逆に，初期費用を顧客に課金しないか小さな金額しか課金しないにもかかわらず，契約開始時にキャッシュバックやポイントキャンペーンなどの何らかのインセンティブを顧客に支払うことも考えられます。また，顧客ではなく中間に入った代理店や紹介者にマージンを支払うことなども考えられます。新規顧客獲得のための広告宣伝費など販促費全般も考慮に入れてよいでしょう。

　また，契約開始時にソフトウェアをインストールしたりシステムを構築したり，ほかにも有形物かつ耐久財のサブスクであれば搬入と設置の費用が発生したりとサービスの供給を開始するための費用が発生する場合もありますが，あえて課金しないか少額だけを課金して契約期間中の継続課金で費用を回収する課金設計も可能です。

　ただし，契約開始時に費用が先行して初期費用の課金だけで回収しきれない場合は，継続課金で回収できるようにする工夫が必要です。また，初期費用での顧客への課金がなかったり小さかったりして費用が先行する収支構造となる課金形態を採用すると累積利益が**Jカーブ**の軌道を描くことが知られています。Jカーブについては第6章で説明します。

（3）　契約期間中：継続課金の課金有無と費用の有無

　契約期間中に顧客に課金するのは定額課金か従量課金か，またはその組み合わせかといったことのほか，課金の頻度やタイミグも検討します。また初期費用で契約開始時に発生した費用を回収できていない場合は継続課金で回収します。複数の継続課金を組み合わせるときは，必ずしも課金と費用が対になる必要はありません。どのタイミングで利益を出すのかを考えるべきでもあります。

　たとえば，定額課金で事業の維持やサービス供給に必要な最低限の費用を顧客に負担してもらい，従量部分で従量の費用に利益を乗せて課金するということもあり得ます。

　ほかにも，従量で課金できるのであれば量が多いほどボリュームディスカウントをしたり，月間の購入額が大きいほど顧客のランクが上がって値引き率が大きくなったり，契約期間が長期になるほど値引き率が大きくなったりといった課金形態の設計も可能です。

　無料で使える機能と有料で使える機能の両方を用意している場合，無料機能を使われるほど事業者側に費用が発生しますが，その無料機能の費用を有料機能のユーザーへの課金でカバーするといったことも考えられます。

（4）　契約終了時：違約金の課金有無と費用の有無

①課金なし（課金額小）・費用あり（費用大）
　契約終了のための手続きやサービス供給を閉じるためのシステムの設定などのほか，有形の耐久物であればモノの解体や引取り等の費用が発生するといった場合であってもあえて契約終了時に回収せずに契約開始時や契約期間中の課金で回収するという課金設計は可能です。

②課金あり（課金額大）・費用なし（費用小）
　また，契約終了時には何も費用が発生しないか，発生しても小さい金額といった場合であっても，契約開始時に発生した費用を契約期間中に回収し切れ

ていなかった場合に，回収できなかった分だけを違約金として顧客に課金して回収するという課金形態にすることも考えられます。

　一定期間以上使ってもらわなければ費用を回収しきれず利益が出ないといった場合でも，サブスクの事業者側が損を出さないという意味では有効な課金形態と言えます。また少しだけでも課金することで，途中解約を抑止するということも検討の余地はあります。

（5）　その他の課金形態のモデル

　動画配信サイトなどでよくみる定額課金や，使ったら使っただけ課金される従量課金のほかにも下記のような課金形態が広まっています。これらは『CFOのためのサブスクリプション・ビジネスの実務』（吉村壮司ほか著，中央経済社）に詳しいです。本章で取り扱った課金設計の考え方を知ったうえで参照すると，世に普及している課金形態についての理解がより深まると思います。

- ・上限付き従量課金
- ・変動型従量課金
- ・階段型課金（ティア課金）
- ・ロールオーバー型
- ・無料トライアル
- ・フリーミアム
- ・定額ディスカウント
- ・定率ディスカウント
- ・超過量課金
- ・超過量付きティア課金

5．利益を生む課金設計の事例

　ここでは，課金設計を工夫することで利益を生み出している企業の事例を取り上げます。

（1） 飲食店向け集客サイト構築サービス A 社

①サービスと課金の概要

　図3.4は飲食店向けの集客サイト構築サービスを手がけるA社の事例です。A社のサービスは飲食店が集客用のサイトを構築するのを支援するサービスで，飲食店に対してサイト構築を無料で行っています。つまり初期費用無料ということです。本来，サイト構築するには費用が発生するので，サイト構築の費用をまとめて支払うことが難しい飲食店にとっては嬉しいサービスです。ただし，無料なのはサイトを構築するところまでです。初期費用が無料ですが，定額課金，従量課金，違約金が発生する仕組みになっています。

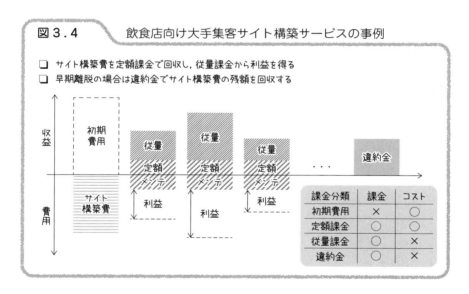

図3.4　飲食店向け大手集客サイト構築サービスの事例

②利益を生む仕組み

　A社はサイト構築にかかる費用を初期費用の課金で回収していません。どうやってその費用を回収しているかというと，サイト構築費を分割して定額課金の中に含めています。費用の回収期間よりも長期に飲食店がサイトを使い続けても課金額を変更しないので，費用を回収しきった後は定額課金に含めたサ

イト構築費の分がそのまま A 社の利益になります。また，構築したサイトにはメンテナンスなどの継続的な維持費用が発生するのですが，定額課金で回収する課金額設定にすることで維持費用をとりっぱぐれることがないようにしています。

　従量課金は，A 社が構築したサイトが閲覧された回数に応じて飲食店に対して毎月発生します。つまりたくさんの人にサイトが見られるほど飲食店への課金額が増える仕組みです。A 社はここに利益を乗せています。しかし，たくさん閲覧されるほど飲食店も来店客が増えるので，A 社と飲食店が win-win になる課金方法とも言えます。

　初期費用で回収すべきサイト構築費を定額課金で回収し終わるには長期に利用継続をしてもらう必要があります。しかし途中解約されてしまうと回収しきれません。そこで途中解約時には未回収相当分が違約金として飲食店に課金される仕組みになっています。

(2) 売り切りからサブスクへ転換した Adobe

①実質値上げのサブスク化

　Adobe のサブスク化は有名な事例の1つです（図 3.5）。Adobe はフォト

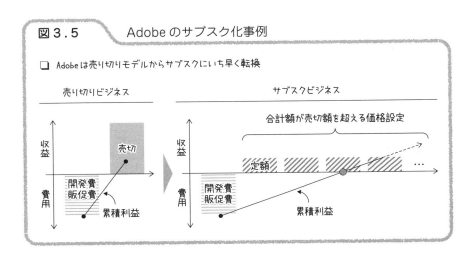

図 3.5　Adobe のサブスク化事例

ショップやイラストレーターといったクリエイティブ制作に必要なソフトウェアを提供しています。以前はソフトウェアを"売り切り"で販売していました。売れたときに発生する収益がサブスクに比べて大きいため，開発，製造，販売などで先行して投じた費用は売れたときに大きく回収できるという構造でした。

しかし，近年，Adobe は売り切りビジネスからサブスクに転換し，定額課金の **SaaS**（ソフトウェアのサブスクで Software as a Service の略）としてソフトウェアを提供するようになりました。これにより，売り切りと異なり先に投じた費用を少しずつ回収していくビジネスモデルへと変化しました。変化の過渡期においては収益の発生が先送りされて費用を回収することが遅れます。

Adobe の上手いところは売り切りのときよりも定額課金のサブスクに転換した後のほうが，最終的な利益が増えるように工夫していることです。具体的には顧客であるユーザーが製品を使い続けたときに，一定の期間を超えると定額課金額の合計が売り切りでの値段を超える設定にしました。つまり実質的な値上げで収益を増やしたと言えます。

②サブスク化に際しての注意

ただし，売り切りビジネスをサブスクに転換すれば必ず収益や利益が増えるかといえばそうとは限りません。第9章でも言及しますが，資金繰りが悪化したり収益が減少したり，さらに解約された場合には未回収のリスクもあります。

Adobe のように実質値上げのサブスク化をした場合，**価格の需要弾力性**も考慮する必要があります。顧客が実質値上げに気づいて逃げていくリスクがあるためです。収益増を狙ってサブスク化したのに，顧客が離れて収益減の結果に終わるというリスクもあるわけです。さらに言えば，Adobe は「短期解約

> #### Glossary：価格の需要弾力性
>
> **価格の需要弾力性**は，製品やサービスの価格が1％上昇したときの需要の変化率を指す。多くの場合，価格が上昇するとその製品やサービスの需要が減るので，需要の価格弾力性はマイナスの値になる。収益を大きくする目的で値上げをしたとしても，需要の価格弾力性次第では需要が落ち込んでしまい，値上げの増収効果よりも需要減による減収効果のほうが大きくなることもある。

による違約金」や「解約不能の長期契約」などの設定をしていませんので，サブスク化に際して，短期解約による未回収で損をして収益減になるかもしれないリスクもありました。

　だからといって，違約金や契約期間の縛りを設定してしまうと，新規顧客の獲得には不利になる可能性があるので事業者としては判断の難しいところです。なぜなら新規顧客からすればサブスク化によって，売り切りのソフトウェアを買うよりも断然安い金額で短期のお試し利用をしてから気に入ったら契約をずっと継続する，ということができたのに，違約金や契約期間が設定されると，簡単には契約を止められなくなります。そのため，気軽に利用を開始することができなくなりますし，実質的に途中解約できないとなれば，顧客は契約期間の最後まで使用した場合の支払額の合計を計算したうえで利用開始するかを検討することになるので，新規契約を結ぶことに慎重になるでしょう。ですから，もしかしたら Adobe は新規顧客獲得に不利に働く課金設計を避けたのかもしれません。

　ただし，顧客にとって解約のハードルの低い課金設計のほうが新規顧客の獲得はしやすいのですが解約しやすいため顧客が離れていきやすくなります。そこで，いつまでも契約を継続してもらうためには課金設計の工夫に加えてカスタマーサクセスがとても大事になるのです。

　どういったときに売り切りビジネスをサブスクに転換することが肯定されるのかについては第9章で，カスタマーサクセスについては第10章から第12章で説明します。また，『サブスクリプション　「顧客の成功」が収益を生む新時代のビジネスモデル』（ティエン・ツォほか著，ダイヤモンド社）の中で売り切りビジネスからサブスクへの転換に際して一時的な業績悪化が生じる現象のことを"フィッシュモデル"として紹介していますのでぜひとも手に取ってみてください。

（3）　ストック収益とスポット収益の構成を変化させたB社

①ストック収益比率が小さいサブスク

　B社はサブスクの事業者に対して，サブスクビジネスに最適化した顧客管理

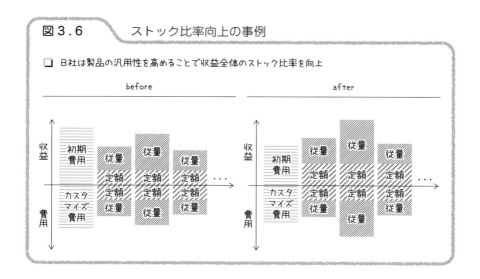

図3.6　ストック比率向上の事例

☐ B社は製品の汎用性を高めることで収益全体のストック比率を向上

や請求管理などさまざまな管理が可能な基幹システムをサブスクで提供している会社です。B社は技術力があるため，基幹システムの利用開始にあたってユーザー企業からの要望を受けてさまざまなカスタマイズ開発が可能です。カスタマイズに係る開発費用は初期費用として利用開始時に顧客であるユーザー企業に課金します。利用開始後の継続課金はシステムの維持費用を回収するために，定額課金と従量課金を組み合わせて顧客に課金しています。

　もともとB社の収益構成はカスタマイズによって利用開始時にのみ課金されるスポット収益が非常に大きく，継続課金によるストック収益の比率が小さいという売り切りビジネスの色合いが濃い構造となっていました。それが課金設計の工夫によってストック収益の絶対額を増やすとともに構成比率も少しずつ大きくしていくことに成功し，サブスクの色合いが濃い収益構成へと変化してきました。

②ストック収益比率の向上
　B社はすでに顧客となったユーザー企業が利用開始時に要求してくるカスタマイズに共通部分があることに気づいて，基幹システムに共通部分を増やしていきました。これにより新規のユーザー企業の利用開始時に行うカスタマイズ

開発が減りましたが，そのカスタマイズの開発費用が減った分だけ初期費用での課金を減らしました。一方で，基幹システムの汎用部分への開発が増えたので継続課金額を上げました。

これによりスポット収益が減りストック収益が増えて収益全体に占めるストック収益の比率を高めることができ，B社は「**予測可能性が高い**」「**長期化するほど儲かる**」「**経営の安定**」というサブスクのメリットをより強く得られる会社となりました。

●第3章のまとめ
① 初期費用，定額課金，従量課金，違約金を組み合わせることで多様な課金形態を設計できる
② 課金設計は費用回収を意識する必要がある
③ 課金による収益と費用の発生は対にならなくてもいい
④ 課金設計を工夫することでビジネスを成長させている事例がある
⑤ 多様な課金形態を実現できるのもIT/DXの発達と普及のおかげ

トレーニング　　　　　　　　　　　　　解答・解説はコチラから

Q3-1 ABC社は，初期費用あり，定額課金および従量課金で違約金ありのサブスクのサービスを提供している。サービスへの入会金が5,000円，月額の課金額（定額課金）が2,000円，従量課金がサービス利用1回当たり80円，入会から4カ月経過する前に解約をした場合には，4,000円の違約金を課すこととしている。以下の①から③に答えなさい。

① ある顧客がABC社のサブスクを開始して6カ月間このサービスを利用した場合，ABC社の収益の合計はいくらになりますか。なお，従量課金部分については，前半の3カ月は毎月10回，後半の3カ月は毎月6回ずつ利用したものとする。
② ある顧客がABC社のサブスクを開始して2カ月間このサービスを利用した場合，ABC社の収益の合計はいくらになりますか。なお，従量課金部分については，1カ月目は10回，2カ月目は5回利用したものとする。

③　ある顧客が ABC 社のサブスクを開始して 3 カ月間このサービスを利用した場合，ABC 社の利益の合計はいくらになりますか。なお，従量課金部分については，最初の 2 カ月は毎月10回，最後の 1 カ月は 6 回ずつ利用したものとする。また，初期費用にかかる費用は3,500円，月次でかかる費用は利用料の30％，違約金にかかるコストは1,000円とする。

Q 3 - 2　定額課金のサブスクのサービスを提供する DEF 社について，以下の①から③に答えなさい。

①　DEF 社のサブスクに加入するための初期費用が1,000円，毎月の定額課金が500円とした場合，500人の会員がいると仮定すると，DEF 社の 1 年間の収益はいくらになりますか。

②　DEF 社の顧客獲得費用が 1 人当たり1,500円，毎月のコストが 1 人当たり200円とした場合，500人の会員がいると仮定すると，DEF 社の 1 年間の利益はいくらになりますか。

③　DEF 社のサブスクは契約日から 1 年以内に解約することはできませんが，1 年を経過した時点で解約すると1,000円の違約金がかかります。残念ながら，3 割の顧客が 1 年が経過した時点で解約すると見込まれています。また，契約から 2 年が経過した時点で，残りの顧客の 3 割が解約してしまいます（ 2 年を経過した時点で退会した場合には，違約金はかかりません）。このとき，最初に会員になった500人の顧客から，DEF 社は 3 年間でいくらの利益を獲得できますか。

第 II 部

ビジネスの成否を分ける

サブスク会計

第 4 章　サブスク会計の基礎

第 5 章　定期収益に関連するサブスク会計の指標

第 6 章　投資採算に関連するサブスク会計の指標

第 7 章　顧客維持に関連するサブスク会計の指標

第 **4** 章

サブスク会計の基礎

1. サブスク会計が必要な理由

会計の教科書では，**財務会計**と**管理会計**があると説明されます。管理会計は内部報告目的で，経営に必要な情報を提供するものとされています。財務会計はビジネス実態を上手く捉えられないことがあるため，ビジネスの性質に合わせた管理会計が必要とされているのですが，それはサブスクにも当てはまります。本書では第4章から第7章にかけて，サブスクの経営に必要な管理会計を「**サブスク会計**」と称して取り上げます。

2. 定期収益と予測可能性

（1） 定期収益は「将来にわたって継続的な獲得が約束された収益」

サブスクの醍醐味の1つは継続課金によって**定期収益**が得られることです。第1章で言及したとおり，サブスクの収益にはさまざまな呼称がありますのでここからは定期収益と呼ぶことにします。

説明するにあたり定期収益という言葉の定義が必要です。しかし「サブスク」という言葉と同じく公式の定義は存在しません。本書ではサブスクの定義を「顧客との継続的な関係性が担保されている状態」と置いていますので，サブスクの収益である定期収益についてはサブスクの定義を参考にして「将来にわたって継続的な獲得が約束された収益」といったん定義することとします。

（2）　定期収益の予測可能性の高さ

　定期収益が「将来にわたって継続的な獲得が約束された収益」であることの
理解を深めるために，具体例を用いて説明します。

　動画配信サービスのNetflixを月額1,980円で契約したとします。Netflixから
みれば毎月1,980円の収益が発生することが約束された状態です。このまま解
約されないとしたら，契約時点から1年間の収益は1,980円×12カ月で23,760円
です。その後も解約されない限り毎年23,760円の収益が発生することが顧客と
契約した時点で予測可能です。その後も解約されないと条件を付しましたが，
解約されるとしても解約率がわかれば将来にわたって何円の収益がもたらされ
るかも推計により予測可能です。

　ですが，この定期収益の予測可能性の高さを財務会計では考慮しません。そ
のせいで財務会計だけではサブスクのビジネス実態を上手く表現できないので
す。この問題点を理解するカギが費用収益対応の原則です。

3．財務会計と現金収支

（1）　費用収益対応の原則

　財務会計がサブスクのビジネス実態を上手く表現できない理由として，費用
と収益の対応について指摘されますので，まずは費用と収益の対応について説
明します。

　財務会計では費用と収益は努力と成果の因果関係とされています。たとえば，
仕入値が100円で売値が300円の商品があって，この商品が売れたときに100円
の原価と300円の収益を認識します（**図4.1**）。つまり100円の努力をして300
円の成果を得られたことになります。このとき，費用と収益が対応していると
考えます。これが財務会計の「**費用収益対応の原則**」として知られています。

　この例でいえば300円の収益と100円の費用の差額である200円が利益となり
ます。もし商品を仕入れる努力をしていたにもかかわらず，商品がまったく売

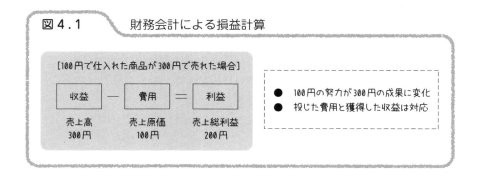

図4.1　財務会計による損益計算

れていなければ、売れるまでの間は収益も費用も計上されません。つまり努力も成果も認識されず利益も生まれていないことになります。

（2） 会計期間のタイミングのズレ

では、商品を1年目に100円で仕入れて2年目に300円で売れた場合はどうなるのでしょうか。1年目に在庫として資産にしておき、売れた2年目に収益300円と費用100円を認識します。1年目に仕入の努力をしていたとしても売れたときに成果としての収益と、努力としての費用が認識されるので、1年目は利益が0円で2年目の利益が200円です。1年目の努力があってこその2年目の成果にもかかわらず、まるで1年目に何も努力していなかったかのように見えてしまいます。

（3） 現金収支と財務会計上の利益のズレ

費用と収益を対応させようとすると努力と成果の発生タイミングが一致しないことがあるにもかかわらず、対応させたいのは一定の合理性があるからです。**現金収支**と財務会計の利益を比較するとその理由が明らかになります。ここでは現金収支と財務会計上の利益との差を次のケースで確認しましょう。

第4章　サブスク会計の基礎　**49**

図4.2　　なぜ費用と収益を対応させるのか

[100円のものを10個仕入れて1個300円で販売する]
※ 1年目・2年目の仕入数・販売数は右表のとおり

	1年目	2年目
仕入	10	0
販売	5	5

現金収支

	1年目	2年目	合計
現金収入	1,500円	1,500円	3,000円
現金支出	1,000円	0円	1,000円
差額	500円	1,500円	2,000円

売れた量は同じだが
差額に偏りが発生

財務会計

	1年目	2年目	合計
売上高	1,500円	1,500円	3,000円
売上原価	500円	500円	1,000円
売上総利益	1,000円	1,000円	2,000円

費用と収益を対応
すると期間の不公
平が解消

【ケース】（図4.2）

　1年目に仕入値100円で売値が300円の商品を10個仕入れたとします。そのうち5個が1年目のうちに売れたとします。2年目は仕入を一切しておらず，1年目に仕入れた商品の在庫が全部売れたとします。

【現金収支】

　まず，現金収支をみてみましょう。1年目の収入は300円×5個で1,500円です。支出は100円×10個で1,000円です。ですから1年目の現金収支の差額は1,500円－1,000円で500円です。2年目の収入は300円×5個で1,500円です。2年目には仕入はしていないので支出が0円です。ですから現金収支の差額は1,500円－0円で1,500円です。2年合計でみれば収入3,000円，支出1,000円，現金収支の差額は2,000円のプラスです。

【財務会計の利益】

　次に財務会計でみます。1年目の収益は300円×5個で1,500円となり，費用は100円×5個で500円となります。ですから，1年目の利益は1,500円－500円

で1,000円です。2年目の収益は300円×5個で1,500円となり，費用は100円×5個で500円となります。ですから2年目の利益は1,500円－500円で1,000円です。2年合計でみれば収益3,000円，費用1,000円，利益2,000円です。

2年間の合計金額は一致するのに1年目と2年目とともに現金収支と財務会計の利益とで金額に差が出てしまいました。また現金収支では1年目と2年目の金額の差が大きくて財務会計では差がありません。両者を比較すると，下記のようになります。

現金収支の差額：1年目　500円，2年目1,500円，合計2,000円

財務会計の利益：1年目1,000円，2年目1,000円，合計2,000円

（4）　現金収支差額の不都合

現金収支だと1年目と2年目で金額に大きく差が出てしまいました。このような差が出てしまうと，業績評価や利益分配において不都合なことがあります。

①経営者の業績評価の観点

まず業績評価の観点です。経営者の業績評価を考えると，1年目も2年目も同じ経営者だとした場合に1年目と2年目を比べて1年目のほうが仕入活動もして2年目と同じだけの数の商品を売っているにもかかわらず，現金収支だと2年目の金額のほうが大きいので2年目のほうが優秀だと評価されてしまいます。もし1年目と2年目の経営者が別々の人だった場合は2年目の人のほうが優秀と判断されてしまいます。もし現金収支によって報酬が決まるとしたら2年目の経営者のほうが多くの報酬をもらうことになりそうです。あなたが1年目を任せられた経営者だとしたら，納得できないのではないでしょうか。

②事業の評価

事業そのものの業績評価を考えると1年目も2年目も同じだけの数の商品を売る努力をして同じ量だけ売っているものの，2年目は仕入活動という努力をしていないから金額が大きくなっています。そのせいで右肩上がりに業績が向

上しているようにみえます。事業を評価する投資家から見れば，3年目も2年目と同水準かさらに大きな現金収支を期待してしまうかもしれません。しかし，実際には2年目に仕入をしていないので3年目に2年目と同水準の現金収支を出すには3年目に1年目を超える努力をする必要があります。このように右肩上がりに現金収支が増えていると期待させてしまってはその事業の実力を正しく評価できないことになります。

③利益の分配

利益分配の観点でみても不都合があります。1年目だけ株を持っていた人と2年目だけ株を持っていた人がいるとします。2年目のほうが高い業績を達成しているので分配を多く受けることになります。1年目の努力によって2年目の現金収支のほうが大きいのに，1年目の株主への分配が2年目の株主への分配よりも少なくなってしまうのは不公平ということができます。

このような現金収支に由来する不都合は，図4.2のケースからもわかるように財務会計を採用することで費用と収益の対応が図られ，緩和されます。

4．財務会計とサブスク会計

（1） 財務会計の不都合

しかし，現実には財務会計でも費用と収益の対応が難しいことが多々あります。先ほどの例では仕入れた商品が売れたときに費用と収益が認識されるという話をしました。では，広告費の場合はどうなるのでしょうか。

たとえば，テレビでCMを流しているとしたら，その広告費は収益という成果を生むための努力ですから収益に対応させたいところです。ここで，先のケースに以下の条件を追加します。

【ケースへの追加条件】（図4.3）

商品の仕入のほかに，1年目にテレビCMの契約をして1,000円の支払いを

52　第Ⅱ部　ビジネスの成否を分ける　サブスク会計

図 4.3　　　財務会計の不都合

追加条件:[1年目にテレビCMの契約の1,000円を支払い（テレビCM放映は1年目のみ）]

現金収支		1年目	2年目	合計	
	現金収入	1,500	1,500	3,000	現金収支は
	現金支出｜仕入	1,000	0	1,000	テレビCMの期間の
	現金支出｜広告	1,000	0	1,000	不公平は調整しない
	差額	▲500	1,500	1,000	

財務会計		1年目	2年目	合計	
	売上高	1,500	1,500	3,000	財務会計でもテレビCM
	売上原価	500	500	1,000	の期間の不公平は解
	売上総利益	1,000	1,000	2,000	消されない（個別的
	販管費｜広告	1,000	0	1,000	対応と期間的対応）
	営業利益	0	1,000	1,000	

行った。ただし，そのテレビ CM は 1 年目のみに流れる。

　条件追加によって現金収支では 1 年目に商品の仕入で1,000円の支出を行い，さらにテレビ CM のための1,000円の支出が発生したため，収入1,500円－仕入の支出1,000円－ CM の支出1,000円で現金収支の差額は▲500円となり，マイナスになってしまいました。

　では財務会計でみるとどうでしょうか。実は財務会計であっても広告費は商品が売れたときの収益と対応させずに 1 年目の費用となります。これにより 1 年目の収益が1,500円に対して費用は商品の売れた分である売上原価が500円と広告費1,000円となるため1,500円－500円－1,000円で，利益は 0 円となります。一方で 2 年目は広告費が発生しないため利益が1,000円となっており，現金収支の利益の 2 年間の合計は一致します。

　1 年目に流したテレビ CM が人気で 2 年目以降に売れた商品の販売にも効果があったのかもしれません。だとしたら 2 年目の収益にも広告費の一部を対応させるべきです。しかし財務会計ではそうしません。そのため財務会計であっても現金収支と同様に 1 年目の努力が 2 年目に反映されないという状況が

第4章　サブスク会計の基礎　**53**

発生します。

（2）　個別的対応と期間的対応

　仕入れた商品が売れたときに売れた個数分だけを費用として認識することを個別的対応と言います。一方で、会計期間に対応させる期間的対応というものがあります。現実問題として広告費のほかにも水道光熱費や家賃などのように売れた分に対応させることが困難な費用があります。これらは会計期間に対応させます。

　先のケースでは、仕入と広告の2つの現金支出および費用があります。仕入は売れた個数に対応して売上原価（費用）にします。一方、広告費はテレビCMを流した会計期間に対応させることになります。

　もし広告費に個別的対応を適用しようとするならば、1,000円の広告費で1年目と2年目にそれぞれ1,500円の収益を生んだのだから1年目と2年目にそれぞれ500円ずつ費用とすべきと主張されるかもしれません（**図4.4**）。ですが、それは結果論です。2年目が終わるまで2年目に商品が何個売れるか収益がいくら発生するかは不確実です。また、テレビCMの放映期間は1年目だけにもかかわらず2年目の商品の販売に寄与したという主張もあるかもしれません。

図4.4　　　　広告費を個別的対応させた営業利益

❑ 1年目と2年目の「販管費｜広告」を個別に対応させると下表のとおり
❑ 現在の財務会計ではこのような調整ができない

	1年目	2年目	合計
売上高	1,500	1,500	3,000
売上原価	500	500	1,000
売上総利益	1,000	1,000	2,000
販管費｜広告	1,000 ⇒ 500	0 ⇒ 500	1,000
営業利益	0 ⇒ 500	1,000 ⇒ 500	1,000

● 広告費を各年度に500円ずつ配分すれば、1年目・2年目の営業利益は500円で等しくなる
● しかし広告効果が2年目にどの程度影響するかはわからないため、このような配分は困難

54　第Ⅱ部　ビジネスの成否を分ける　サブスク会計

しかし，1年目と2年目にそれぞれどの程度の効果があったのかを計測して配分することも現実的ではないでしょう。

それに3年目以降にもテレビCMの効果が発生するかもしれないとなると，いつまでどの程度の効果があるのかが事前にわからない限り，不確実な将来を予測して商品の売れた分や売れた期間に広告費を配分することもやはり難しいでしょう。

（3）　財務会計だと費用と収益が対応しないのがサブスク

サブスクの場合，収益は定期収益なので予測可能性が高いという特徴があります。定期収益は「将来にわたって継続的な獲得が約束された収益」であり「今日の取引が明日の収益を保証する」とも言われます。顧客と契約してしまえば将来の収益は予測可能です。

収益が予測可能ならば広告費をいったん資産計上して収益の発生に応じて費用配分することも可能ではないかと主張される方もいるかもしれませんが，今のところ財務会計はそのような仕組みになっていません。そのため，次のケースに示すような費用と収益の対応のズレが生じます。

【ケース】（図4.5）
月額100万円のサブスクを提供しているC社は2年間のサブスク契約を獲得した。毎月のサービス提供にかかる原価は課金額の50％であり1年目の期首から収益として計上される。なお，この契約を獲得するために1,000万円の顧客獲得費用を投じている。

2年間の合計でみれば100万円×24カ月で2,400万円の収益となります。収益のうち50％が原価なので1,200万円の粗利です。このうち1,000万円が顧客獲得費用として使われたので200万円の営業利益となります。契約した時点で1,200万円の粗利を予測できていないと1,000万円もの顧客獲得費用を投じることはかなり難しいのではないでしょうか。

逆に言えば，サブスクは定期収益の発生によって，将来にわたって収益を獲

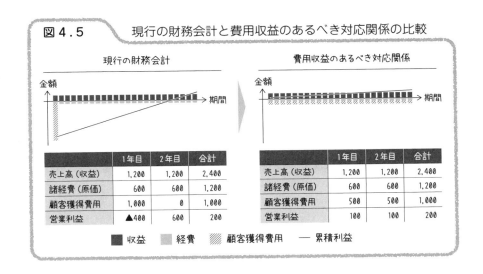

得することが約束されているからこそ，将来の収益を見込んで思い切って販促費を投じることができると考えられます。

　サブスクの場合，このような思い切った成長投資ができますが，その費用は将来の収益に個別に対応させず，販促をした会計期間に対応させます。その結果，財務会計上は成長投資に積極的な時期は赤字になることも珍しくありません。このケースでいえば図4.5の左側の図（現行の財務会計）のとおり，成長投資として顧客獲得費用を投じた1年目は▲400万円と赤字です。

　一方，図4.5の右側の図（費用収益のあるべき対応関係）は費用と収益を個別対応させたものです。もし費用と収益が個別対応していれば1年目も2年目も100万円ずつ黒字となっていました。現在の財務会計ではこのような調整をすることはありません。事前にサブスクの特徴を知らずに，1年目終了時点の▲400万円の赤字の財務情報をみて2年目が黒字になると気づける情報利用者はほとんどいないのではないでしょうか。

　これまで説明したとおり，現行の財務会計のままでサブスクを評価すると，投資家や経営者をはじめ財務情報の利用者の正しい意思決定を歪めてしまうかもしれませんので注意が必要です。

(4) 将来の収益を見越して成長投資を調整する

　財務会計でサブスクを表現すると，収益よりも販促費が先行するために赤字が先行する形となり，費用と収益の対応にズレが生じると説明しましたが，これは悪いことばかりでもありません。

　経営者や事業責任者の視点から見れば1年目に顧客と契約した時点で将来の収益が確定しています。そのため2年目に投じる販促費を抑制するなど費用を調整することで2年目にいくらの利益を出すのかをコントロールできます（図4.6）。

　現実はそんなに単純ではありませんが理屈としては可能です。先ほどのケースでいえば2年目の利益が600万円とわかっているので，利益を残したければ2年目の販促費を600万円以下に抑制すればよいだけです。逆に成長投資としてわざと赤字を出すくらい販促費を投じるということもあり得ます。

　このように定期収益によってもたらされる予測可能性の高さを利用しながら成長投資と残す利益のトレードオフを考えてビジネスができることもサブスク

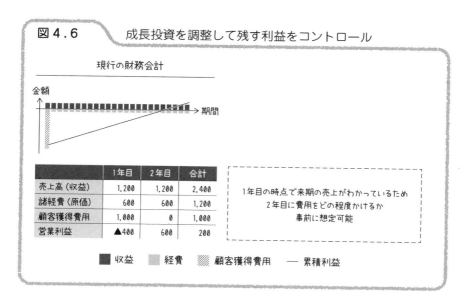

図4.6　成長投資を調整して残す利益をコントロール

の特徴と言ってよいでしょう。

５．トレードオフをコントロール

図4.5や図4.6のように財務会計でサブスクを計測していると，販促費が収益に先行して発生するため，ビジネスの規模の拡大を目指して顧客獲得費用を投じれば投じるほど，費用を投じた年度の損益は赤字が大きくなりますが，翌年度以降は収益と利益が大きくなります。大きくなった利益をそのまま残すのか，さらなる成長のための販促費として使うのかは，その会計期間の利益と翌期以降の成長とのトレードオフの中での意思決定となります。その意思決定を支援する考え方として**40％ルール**と販管費の内訳について紹介します。

（１）　40％ルール

サブスクの業績を評価する指標として40％ルールがあります。これは，多くの場合，売上高成長率（（その会計期間の売上高÷1つ前の会計期間の売上高）－1）×100％と売上高営業利益率の合計が40％を超えているかどうかで，企業の業績を評価するものです。成長投資に使う費用と残す利益のトレードオフを考慮した指標と言っていいでしょう。

たとえば，売上高の成長率が60％で売上高営業利益率が▲10％としたら，「60％－10％」で50％となりますので40％を超えています。よって，このビジネスは赤字を出してはいますがサブスクのビジネスとしては業績が良いと言えます。

もう1つの例を見てみましょう。売上高の成長率が10％で売上高営業利益率が25％だとしたら「10％＋25％」で35％となり40％を下回っていますので，しっかり黒字を出しているように見えますがサブスクのビジネスとしては業績が物足りないということになります。

財務会計で計測すると収益よりも販促費が先行するために赤字が先行すると先述しました。成長に寄与する販促費を大きくすればするほど利益が減って赤字になってしまうものの，その分だけ収益が成長していれば健全な成長投資によって適切な成長ができていると判断できるのが40％ルールです。

58　第Ⅱ部　ビジネスの成否を分ける　サブスク会計

　ただし，40％ルールを鵜呑みにするのは危険です。成長投資に使う費用と残す利益のトレードオフを考慮するという考え方は有益なものですが，40％が適切な値なのかは疑問があります。経済状況や環境の変化のほか何かしらのトラブルなど一過性の要因で利益率が大きく変動することがあります。また成長率の１％と利益率の１％を同じ価値とみなしてよいのかも検討の余地があります。それに標準的な成長率や利益率の値は業界や市場の特性によって異なりますので，一律に「○％だったら大丈夫」という言い方は難しいでしょう。このような問題はありますが，実務上は１つの目安として知っておくと便利です。

（2）　販管費の内訳の調整

　ビジネスの規模拡大を目指して販促費を投じるとして，その金額をどのように把握するのかが問題になります。一般的な損益計算書の表示は売上，売上原価，販売費及び一般管理費（販管費ともいい販促費はこの中に含まれます），営業利益となっています。このうち販促費にいくら投じているのかを把握しなければ，成長投資の効果を測定することも，残す利益とのトレードオフについての意思決定もできません。

　そこでサブスクの企業では販管費を **S&M**，**R&D**，**G&A** に分解して，S&M を成長投資の費用として認識し，その費用投下に対し収益や定期収益がどの程度成長したのかを効果として測定しています。

　S&M はさらに **CAC**，**CRC**，**CEC** に分解することが可能です。CAC は新

Glossary：アップセル／アップグレード，ダウンセル／ダウングレード，クロスセル

　アップセルは，課金額増加を狙ってより上位の製品やサービスを購入してもらうこと。**アップグレード**は製品やサービスのグレードを上げること。多くの場合，アップグレードにともなって課金額が増えるのでこの２つの用語は厳密に使い分けられてはいない。関連する用語として，**ダウンセル**は，より下位の製品やサービスを購入してもらうこと。**ダウングレード**は，製品やサービスのグレードを下げること。**クロスセル**は関連する別の製品やサービスを購入してもらうことである。

第4章　サブスク会計の基礎　　59

図4.7　　　サブスク会計における販管費の分類

財務会計の損益

売上高（収益）
売上原価
売上総利益
販売費及び一般管理費（販管費）
　販売費
　　一般管理費
営業利益

サブスクの損益

売上高（収益）
売上原価
売上総利益
販売費及び一般管理費（販管費）
　営業費（S&M：Sales & Marketing）
　　CAC：Customer Acquisition Cost
　　CRC：Customer Retention Cost
　　CEC：Customer Expansion Cost
　研究開発費（R&D：Research & Development）
　一般管理費（G&A：General & Administrative）
営業利益

サブスクビジネスは販管費をS&M, R&D, G&Aに分けて管理する
S&MはさらにCAC, CRC, CECに分けることができる
CRCとCECを合わせてカスタマーサクセスの費用とみることもできる

規契約や新規顧客獲得の費用，CRCは契約や顧客の維持のための費用，CECは既存顧客へのエクスパンションのための費用です。エクスパンションはアップセル／アップグレードやクロスセルによって顧客単価を向上させることをいいます。CRCとCECは両方を合わせて第10章以降で詳述するカスタマーサクセスの費用と考えることもできます。

　ただし，実際に実務で取り組まれたときに気づくと思いますが，厳密に分解することは非常に難しいです。そのため，厳密に分けることよりも意思決定を間違えないための大枠を捉えるくらいの気持ちで販管費の内訳を見たほうがよいでしょう（**図4.7**）。

6．定期収益は将来を約束しているのか

（1）　予測はあくまでも予測

　サブスクの特徴として，定期収益は顧客との契約時点で将来の収益が予測可能なので販促費（S&M）の調整を通じて利益をコントロールできると説明しましたが，この考え方が成立するには将来の収益が約束されている必要があり

ます。

　しかし，約束されているといっても，契約時点に予測した収益が本当に後から100％実現するかと言えばそんなことはありません。たとえば，途中解約されるとか契約が更新されなかったらどうでしょうか。期間を契約で縛っていても期間満了までに顧客企業が倒産したらどうでしょうか。もしくは，仕入が止まってサービス提供ができなくなったらどうでしょうか。ほかにも従量課金を採用している場合は，利用量を予測するのが難しいということはないでしょうか。さらに言えば，災害や感染症の流行など予測できない事態もあるかもしれません。

　このように考えていくとサブスクも将来の収益を予測することが難しいことがわかります。ただし，それでもここまで説明してきたとおり売り切りビジネスに比べれば予測可能性が高いことは間違いありません。そしてその予測可能性の高さを利用して経営管理しようという考え方が世の中に広まりつつあります。

（2）　社会が変わると会計も変わる

　このような考え方は，サブスクが普及する前は存在しませんでした。もしかしたら，一部の商売の天才のような人達が経営管理に利用していたかもしれませんが，基本的には珍しい話ではないかと思います。

　しかし，今や社会が変化してサブスクがどんどん普及しています。このような社会変化のあるときは，会計の重要性はますます高まります。現実の会計基準もサブスクに対応するように少しずつ変化していくでしょう。

　たとえば，顧客との契約獲得のために投じた費用を個別の売上に対応させることは以前は行われていませんでしたが，国際会計基準では一部認められるようになっています。こういった変化の中で，今後ますますサブスクのビジネスやサブスク会計の知識に精通した人材が求められるようになると筆者は考えています。

●第4章のまとめ
① 「サブスク会計」は財務会計が表現できないサブスクビジネス実態を

捕捉する管理会計
② 定期収益は「将来にわたって継続的な獲得が約束された収益」
③ サブスクは販促費が先行し収益が遅れてくる。ただし，将来の収益が約束されているので思い切った販促費の投下ができる
④ サブスクでは販管費の内訳を S&M，R&D，G&A に分け，S&M の投下を調整することで残す利益と成長投資のトレードオフの意思決定ができる
⑤ サブスクの普及で財務会計も社会も少しずつ変わっている。サブスクのビジネスと会計に精通した人材が求められるようになるだろう

トレーニング　　　　　　　　　　　　　　解答・解説はコチラから

Q4-1 サブスクを行っている OPQ 社の 3 年間の損益計算書は以下のとおりであった。この資料に基づいて，以下の①から③に答えなさい。

	X1期	X2期	X3期
売上高	10,000	12,000	18,000
諸経費	7,000	9,000	12,400
広告費	8,000		
営業利益	▲5,000	3,000	5,600
（参考）販売数量	1,000	1,200	1,800

① X1期に支出した広告費（顧客獲得費用）を3期にわたって個別的対応（販売数量に対応させること）によって計算できるとした場合，X3期の営業利益はいくらになりますか。
② X2期において，もし OPQ 社がさらなるビジネスの成長を望むならば，広告費を4,000以上かけること（結果として X2期も赤字となる）は許されると考えますか。
③ X3期において，このサブスクビジネスを40%ルールに基づいて評価してください。なお，上記の②の問題における4,000の広告費は発生していないものとする。

62   第Ⅱ部　ビジネスの成否を分ける　サブスク会計

Q4-2　以下の営業費（Sales and Marketing：S&M）について，CAC，CRC，CEC，G&A のいずれにあたるか答えなさい。

①　ロイヤルティ・プログラムの運用コスト

②　本社の人事部に関わるコスト

③　テレビの CM などの広告費

④　インサイドセールス業務のスタッフの人件費

⑤　既存顧客に対する関連商品紹介のための通信費用

⑥　商品プランのアップグレードを促すキャンペーンのためのコスト

⑦　本社の家賃

⑧　既存顧客を対象とした，サービスの利用方法に関するイベント開催の費用

Q4-3　あなたの会社が，既存顧客のアップセルおよびクロスセルを重視したいと考えた場合，CAC，CRC，CEC，G&A のいずれを重視すべきですか。

第 **5** 章

定期収益に関連する
サブスク会計の指標

　第5章から第7章はサブスク会計の指標について解説します。経営や会計の勉強をしている人であっても，SaaSなどのサブスクのビジネスに馴染みがないと少し耳慣れない指標のほうが多いかもしれませんが，これらは欠かすことのできない基本的な指標です。

1．MRR と ARR

（1）　MRR

　MRR は Monthly Recurring Revenue の略です。Recurring には「繰り返しの」という意味がありますので，MRR は月間定期収益のことです。MRR が100万円の場合，これから先，毎月100万円の定期収益が発生するとわかります。
　MRR を年間単位にしたものを **ARR** と言います。年間定期収益のことで，Annual Recurring Revenue の略です。MRR が12カ月継続すると想定した定期収益を ARR と呼んでいます。
　月額100万円のサブスク契約を1件獲得すると MRR は100万円となり，ARR はこの契約が1年間継続すると想定するので100万円の12倍である1,200万円となります。MRR が100万円の契約が2件あれば MRR が200万円，ARR は2,400万円，3件あれば MRR が300万円，ARR は3,600万円となります。

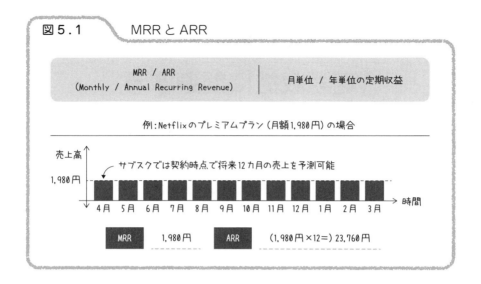

図5.1　MRRとARR

（2） MRRの12倍がARRと考えてよいのか

　MRRを12倍したもの（12カ月つまり1年間分）がARRと考えられるのは「顧客との継続的な関係性が担保」されているからです。サブスクであるがゆえに途中で解約されたり契約が切れたりしないとの仮定を置けるからで，「将来にわたって継続的な獲得が約束された収益」として定期収益を扱うことができるのです。

　ただし，現実には第4章で説明したとおり，売り切りビジネスよりも予測精度が高いとはいえ「予測はあくまでも予測」です。解約率を測定し，解約率を用いて将来の定期収益を推計すれば予測の精度が高くなります。解約率が将来の収益や投資採算に与える影響については第6章と第7章で言及します。

　ちなみに，サブスクの収益には「定期収益」のほかにもさまざまな呼称があることは第1章で紹介したとおりですが，月間でみればMRR，年間でみればARRと言うことはサブスクの実務においてはほぼ共通見解と考えてよいでしょう。

第5章 定期収益に関連するサブスク会計の指標 65

2. 「利速会計」を使った定期収益の説明

　ここまでにサブスクは「予測可能性が高い」と説明しています。収益の予測可能性の高さはサブスクを理解するために重要な考え方ですので，ここでは別の方法で解説を試みます。

（1）　利速会計の紹介

　「**利速会計**」という言葉を聞いたことがあるでしょうか。筆者の周囲でも聞いたことのある人は会計の専門家でもない限り少数派です。利速会計はカーネギーメロン大学で教鞭をとられていた井尻雄士先生が発案したものです。ちなみに筆者（藤原）自身は，先生にお会いしたことはなく，ご著書『「利速会計」入門　企業成長への新業績評価システム』（井尻雄士著，日経 BP マーケティング）を読んだことがあるだけです。

　利速会計にはサブスクにおける定期収益の考え方と似ている部分があります。利速会計は利益をまるで速さのように見立てるので，月間に100万円を稼ぐ力があるとしたら，100万円 / 月の速さとなります。これを12カ月間続けたら年間の利益は1,200万円となりますので，1,200万円 / 年の速さになるという考え方ができます。

（2）　ビジネスの"は・じ・き"

　「今，0キロ地点にいる自動車が時速100キロで走ると，1時間後には何キロ地点にまで進んでいるかを予測しろ」という質問をされたら，皆さんは簡単に予測できると思います。1時間後には100キロメートル地点に到達しているとわかります。このように，我々は速度と時間で進む距離を予測できます（**図5.2**）。

　何が言いたいのかというと，定期収益は速さであり，会計期間は時間であり，そして，財務会計でいうところの売上高（収益）は距離に見立てられるという

図5.2　距離計としての売上高，速度計としての定期収益

ことです。我々は時間と速度がわかれば，"はじき（速さ・時間・距離）"の計算を使って将来進むことのできる距離を推計することができますし，決まった時間内に必要な距離を進むためにはどれだけの速さが必要かも推計することができます。

　それにもかかわらず，財務会計でビジネス実態を評価するときは距離計（過去に進んだ距離を示しています）である売上高で評価しがちです。それではサブスクのビジネスへの評価を見誤ることは第4章で説明したとおりです。

　最近ではサブスクの普及によって状況が変わりつつありますが，それでもまだ，多くのビジネスが距離計である売上高だけを見て経営されているような状況でしょう。現に有価証券報告書や決算資料の「売上高がいくらであった」という情報は見ても，速度計である ARR や MRR によって現在は「売上高をどれだけの速さで稼いでいるか」，そして将来に「売上高がどれくらいの金額になりそうか」という情報は多くのビジネスパーソンから見られていません。

　この状況はよく考えてみれば不思議かもしれません。売上高だけを評価しながら経営する人のことを，「バックミラーだけを見て運転するみたいなものだ」とたとえる人もいます。

（3） MRR/ARRと売上高

①速度計と距離計

　距離と速度の関係を会計でいえば，距離計はその時点までにどれだけの売上高を稼いだかを示し，速度計は一定の期間のうちに売上高を稼ぐ速さを意味します。では先ほどの毎月100万円を稼ぐという例をMRR，ARR，売上高の観点から見てみましょう。

　MRRが100万円ということは毎月100万円の速さで売上高を稼いでいるという状態です。つまり1ヵ月ごとに100万円ずつ，財務会計でいう売上高という距離を進みます。この速度を変えずに1年間維持すると毎月100万円ずつ売上高を稼いでいるので，年間で売上高は1,200万円となります。同じ速度を12ヵ月継続することで1,200万円となるのですが，これをARRと呼んでいます（**図5.3**）。MRR100万円というのは毎月100万円の速さで売上高を獲得することを意味し，ARR1,200万円は毎年1,200万円の速さで売上高を獲得することを意味しています。この説明では速さ（スピード）を変えていないことに注意してください。

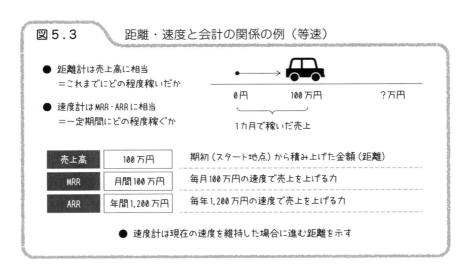

図5.3　距離・速度と会計の関係の例（等速）

②加速し続けたらどこまで進めるのか

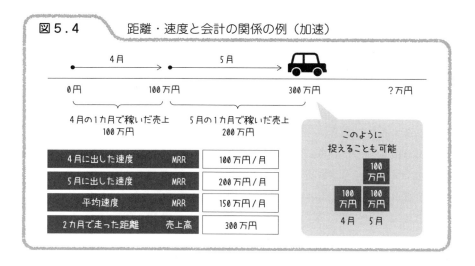
図5.4　距離・速度と会計の関係の例（加速）

　では，会計期間の途中で稼ぐ速度をドンドン上げていくとどうなるのかを考えてみましょう（図5.4）。4月開始3月決算の会社だとしましょう。初月である4月にMRR100万円の契約が1件獲得できていたとします。4月の売上高は100万円でARRは1,200万円です。2カ月目の5月にMRR100万円の契約が1件増えて合計の契約件数が2件となり，MRRが200万円になったとします。5月だけをみれば売上高は200万円でARRは2,400万円です。4月と5月の合計をみれば売上高は4月の100万円と5月の200万円の合計で300万円です。

　売上高をみれば2カ月で300万円分の距離を進んだことがわかります。2カ月の平均速度は150万円ではありますが，5月のMRRが200万円なので，今後，新規の契約獲得も解約もなければ，この後の月も毎月200万円の速度で売上高を稼ぐのだとわかります。

　では，ここで次のケースを考えてみましょう。

【ケース】
　3月決算の会社で初月の4月のMRRが100万円で売上高が100万円。5月のMRRが200万円で2カ月累計の売上高は300万円でした。このまま同じペース

で毎月 MRR を100万円ずつ増やしていくと当期の期首から期末までの１年間にどれだけの売上高を稼ぐのでしょうか。

このケースに答えるためには，速度計だけ見ていてもどこからどこまでどれだけ進んだかがわかりませんし，距離計だけ見ていてもどのくらいの速度で進めるのかがわかりません。期間の定めがなければ速さも距離もわからなくなります。つまり今期の売上高がどれくらいになるかは計算できません。期間を定めて距離計と速度計を同時に見るから予測ができるのです。

解答は図5.5のとおりです。４月に100万円，５月に200万円，６月に300万円と１カ月経過するごとに100万円の箱が積み上がっていく図になっています。12カ月目である３月には100万円の箱が12個積み上がります。

縦にみて月別の箱の合計が MRR です。その１カ月間の売上高でもあります。ですから12カ月分の箱を合計するとこの期間の売上高となります。図5.5を見ると12カ月間で100万円の箱が78個積み上がっています。つまり当期の１年間の売上高は7,800万円です。

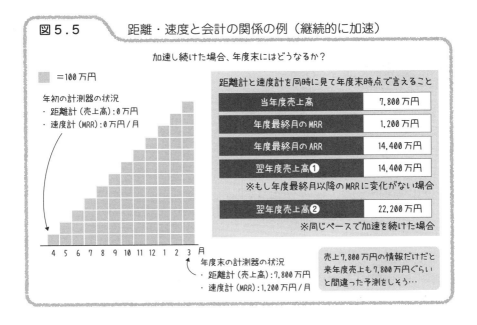

③翌期の売上高を予測する

　このケースの1年間での売上高は7,800万円です。財務会計の費用と収益は努力と成果の因果関係という説明をしましたが，そうだとすると，翌期の費用を増やさない限り翌期の売上高は当期と同額の7,800万円と予測されてしまいます。しかし，ここも第4章でも説明したとおり，サブスクのビジネスはそうなりません。

　ケースの決算月である3月は100万円の箱が12個積み上がっています。3月時点のMRRは1,200万円であり，ARRはMRRの12倍の1億4,400万円となります。ここから新規の契約獲得も解約も発生しなければ，翌期の1年間の売上高は1億4,400万円になることが当期の期末時点で予測可能です。

　さらに言えば，翌期においても100万円の箱を毎月1箱ずつ増やしていく。つまりMRRを100万円ずつ増やすという当期と同じ努力を継続した場合は，翌期の売上高は1億4,400万円に7,800万円を加えた2億2,200万円となることが予測可能です。この予測可能性の高さがサブスクのすごいところです。

　以上の説明からも，当期の努力の成果が翌期以降に繰り越されているという形で，第4章の説明と同様に財務会計とサブスクのズレを実感してもらえたのではないでしょうか。

3．定期収益の分類

　定期収益の概念についてもう少し掘り下げていきましょう。サブスクの収益である定期収益の定義を本書では「将来にわたって継続的な獲得が約束された収益」としました。しかし，少しズルいのですが，約束と言ってもどの程度確かな約束なのかは言及していません。実は定期収益は性質によって約束の確かさの程度が異なるのです。その理由を見ていきましょう。

（1）　非定期収益

　図5.6は収益を性質別に分類したものです。まず，継続性に基づき収益は**定期収益**と**非定期収益**に分類できます。定期収益は「将来にわたって継続的な

図5.6　サブスクリプションの収益形態の分類例

収益	定期収益	契約あり・定期課金	典型的な定期収益
	分類の難しい収益	契約なし・定期課金	業態，顧客との関係性，状況によって定期収益にも非定期収益にも分類可能
		契約あり・従量課金	
		契約なし・従量課金	
	非定期収益	初期費用	基本的に繰り返しのない収益
		違約金	

※契約の有無は，継続的な利用を契約などによって担保しているか否かを指す

このように見てみると，何が定期収益なのかを客観的に決めるのは意外と難しい

獲得が約束された収益」で非定期収益はそれ以外の収益ということになります。つまり継続性が約束されていなければ非定期収益です。契約開始時に発生する初期費用や契約終了時に発生する違約金は継続的に発生しませんので非定期収益となります。

（2）　定期収益に分類しやすい収益（期間のある契約で定額課金）

有期契約の契約期間中に定額課金が発生する場合にこれを定期収益に分類するのはわかりやすいでしょう。例としては雑誌の年間定期購読などです。契約があるため1年間という期間において毎月定額の収益が発生することが約束されています。

また，契約開始から一定期間の間に解約すると違約金が発生する契約にしている場合も，その期間中は解約される可能性が低くなることから，一定期間における収益が約束されていると考えることができます。例としては一昔前の携帯電話です。契約開始してから2年以内に解約すると違約金が発生する，いわゆる，2年縛りという契約がありました。

72　第Ⅱ部　ビジネスの成否を分ける　サブスク会計

（3）　分類に困る収益

　継続性の約束の強度が比較的緩く定期収益か非定期収益かを分類しにくいのが次の３つです。

①期間のない契約で定額課金

　契約期間が明記されていないか，明記されていても自動更新される契約になっていて，さらに違約金の発生がないといった場合のように「実質的に契約期間の定めがなくていつでも解約できる契約」になっていて，かつ，課金形態が定額課金の場合は定期収益と呼ぶべきか非定期収益と呼ぶべきかが悩ましくなります。

　なぜなら期間が約束されていないからです。１カ月先に解約されるかもしれませんし12カ月先に解約されるかもしれません。「将来にわたって継続的な獲得が約束された収益」という意味においては「継続的」の部分に少し疑義が生じます。しかし，実務上は第６章で紹介するように，**解約率**を用いて**平均継続期間**やLTVなどが推計可能なため期間の約束の程度を指標で見えるようにしてコントロールしています。

　また，悩ましいし疑義が生じると述べたものの，現実に多くの人がイメージするサブスクといえば「実質的に契約期間の定めがなくていつでも解約できる契約」かもしれません。筆者の経験上も，学生や社会人がサブスクと聞いて連想するものに動画配信サービスやスマホアプリなどがよく挙がりますが，これらにはいつでも解約できて違約金が発生しないものが多いです。

②契約期間のある契約で従量課金

　契約期間や違約金によって実質的に一定期間の利用継続が担保されていても，課金形態が従量課金の場合，期間内に利用されなければ課金は発生しませんので「獲得が約束された収益」として扱いにくいという問題があります。

　ただし，従量課金であっても顧客当たりの利用量が安定していたり，契約によって一定量以上の利用が担保されているなどさまざまな理由で契約期間内に

獲得できる収益が予測できます。この予測できる収益を約束されているとするか否かで，定期収益と非定期収益のどちらに分類すべきかの意見が分かれます。

③契約期間のない契約で従量課金

　上記の①と②を組み合わせた「実質的に契約期間の定めがなくていつでも解約できる契約になっていて，かつ，課金形態が従量課金の場合」も，定期収益と呼ぶべきか非定期収益と呼ぶべきか意見が分かれます。期間も収益も約束していないので非定期収益に分類したくなりますが，期間内にどの程度の利用量が発生して，平均継続期間がどの程度かを推計することが可能な場合は，推計された程度には約束されているとみなすことで定期収益として扱うことが可能だからです。

　第1章で売り切りビジネスをサブスク化した例として，スーパーマーケットを紹介しました。会員カードの発行費用や年会費を設けることで，顧客が継続的に同じスーパーマーケットに通いたくなるように工夫がなされていました。スーパーマーケットに立ち寄って商品を購入するといった契約期間の定めがない従量課金の関係性だとしても「顧客との継続的な関係性を担保」することができればその顧客から得られる収益は定期収益として扱うことができます。

　以上のように掘り下げていくと，何が定期収益で何が非定期収益なのかを客観的に決めることは難しいと考えていたほうがよいでしょう。だからこそ置かれた業界や経営方針などさまざまな要素によるものの，事業者が自分たちのビジネスをサブスクとして定義づけることも管理することも可能になるのだと考えることができますし，財務会計と管理会計の両方の目線が必要なのだということもできます。

4．定期収益の安定性に対する考察

　第1章でサブスクの特徴として「経営の安定」について挙げました。収益の構成に占める定期収益の割合が大きいほうが外部環境の変化に強くて経営が安定しやすいと説明しました（図1.6参照）。ここでは「経営の安定」について

定期収益の観点から掘り下げます。

（1）　環境変化に強い定期収益は経営の安定につながる

　外部環境の変化があった場合には，定期収益であっても収益が維持される保証はありません。環境変化に対して強い定期収益と弱い定期収益があります。環境変化に強い定期収益であれば，環境変化によって途端に来客がなくなったとしても"契約によって"支払いが維持されているために収益が維持されます。そして，環境変化への強さは解約までの時間差という形で説明することができます。定期収益の質の問題とも言えます。

（2）　環境変化への強さは時間差として現れる

　ARR は MRR の12倍としています。これは便宜的に12倍としているだけであり，その信憑性については検討の余地があります。これについては定期収益の分類の話の中でも，約束の確かさの程度ということで言及したとおりです。同様にその MRR がいつまで継続するのかはその定期収益の質によります。
　図5.7の左側のグラフは売り切りビジネスの収益や環境変化に弱い定期収益で構成されるビジネスをイメージしています。急激な環境変化が生じた場合には収益が急激に下がります。とくに売り切りビジネスの場合，災害や感染症の流行など大きな環境変化が生じると，途端に来客が途絶えるなどして収益が急減します。
　一方で図5.7の右側のグラフは収益が環境変化に強い定期収益で構成されるビジネスをイメージしています。環境変化が生じても収益がしばらくおだやかに減少した後に急激に減少します。収益が減少するまでの時間差を利用することで自社の体制を立て直すことができるため，環境変化に強い定期収益で収益が構成されることは，経営の安定という意味では重要です。

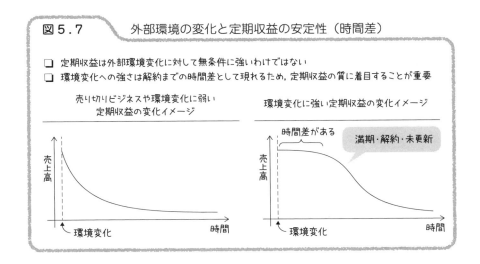

（3） 環境変化への強弱による定期収益の分類

　では環境変化に対して強い定期収益と弱い定期収益といった強弱は何によって生じるのかをここでは紹介します。それを説明したのが図5.8です。

①定額課金で中途解約不能

　定額課金で中途解約のできない契約であれば，その定期収益は安定性が高いと言えます。契約期間中に環境変化が起きても中途解約されないため期間満了まで収益が計上され続けるからです。ただし，期間満了までに対策ができないと期間満了とともに解約されてしまいます。

②定額課金で中途解約可能だが違約金等あり

　次に安定性が高いのは定額課金で中途解約は可能だが違約金やペナルティが発生する契約です。顧客としては違約金やペナルティが課せられるくらいならば解約しないということもありますし，解約というアクションを能動的にしなくてはいけないという負担もあります。よって，顧客にとってよほど有利な経済

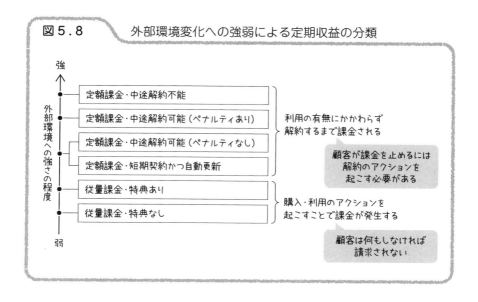

図5.8　外部環境変化への強弱による定期収益の分類

合理性がなければ解約せずに期間満了まで契約を維持すると考えられます。

③定額課金で中途解約可能でさらに違約金等もなし

　3番目に安定性が高いのは，定額課金で中途解約は可能だけれども違約金などのペナルティがないものです。違約金やペナルティがなければすぐに解約される可能性がありますが，顧客は解約するというアクションを能動的に起こさなければならないので，その負担の分だけ解約されにくいことになります。

　同程度に解約されにくい形態として，違約金等ペナルティなしで短期契約の自動更新が繰り返される定額課金があります。この場合も顧客が能動的に解約するというアクションを起こさなければならないので，その負担の分だけ解約されにくいことになります。

④従量課金で特典あり

　従量課金は利用しなければ課金されないため，環境変化が起きたときに，顧客は契約を解除しなくても，そのサービスを利用しなければ課金されません。また利用しないという選択は「解約する」のように能動的になる必要もありま

第5章　定期収益に関連するサブスク会計の指標　　**77**

せん。よって環境変化が生じた際に急減しやすい定期収益と言えます。ただし，ボリュームディスカウント等の特典がある場合は定期収益の減少が若干緩やかになります。

　例の1つとして，毎月一定量を利用することを前提に値引きが生じる特典などがあります。顧客は毎月一定量以上を従量で利用しなければその特典を放棄することになるため，環境変化によって本来必要な利用量が減ったとしても，特典を維持するために一定量を利用し続けることがあります。従量課金であってもボリュームディスカウント等の特典があれば，ない場合に比べて定期収益の安定性は高いと言えます。

⑤従量課金で特典なし

　従量課金でボリュームディスカウントなどの特典がなければ，環境変化等で利用する必要性がなくなった場合，そのサービスを利用することがなくなります。顧客は何かしら能動的になったり負担を感じたりすることなく，"何もしないだけで"請求されることがなくなり支払いをなくすことができます。売り切りビジネスと同様に安定性の低い定期収益なので環境変化が生じると収益は急減します。

　以上のように定期収益について着目して説明してきました。サブスクは定期収益の質に着目するビジネスだと言ってもいいかもしれません。

●第5章のまとめ
① MRRは月間の定期収益。ARRはMRRの12倍。ARRは年間の定期収益
② 定期収益は速度計。売上高（収益）は距離計。速度計と距離計があれば一定の期間内にどれだけ進むかが予測できるように売上高を予測できる
③ 定期収益と非定期収益を客観的に分類することは難しい
④ 客観的には定期収益として扱うことが難しい収益でも工夫次第で主観的に定期収益として扱うことができる

⑤ 定期収益は経営の安定をもたらすが、安定性の高さはその定期収益の質によって異なる

トレーニング　　　　　　　　　　　　　　　解答・解説はコチラから

Q 5 - 1　以下の数値を計算しなさい。
① MRR が100のときの ARR
② ARR が600のときの MRR

Q 5 - 2　A 社は，今年度（20X4年）の期首の10月よりサブスクのビジネスを開始した。以下の①～④に答えなさい。
① 10月は月額5,000円の契約（定額課金）を１件獲得した。11月以降も，新規に月に１件ずつ契約を獲得するものとする。仮に解約が生じないとした場合，今年度末の９月の MRR はいくらになると予想されますか。
② A 社の今年度の売上高は，いくらになりますか。
③ 仮に解約も新規顧客の獲得も生じないとした場合，A 社の来年度（20X5年）の ARR はいくらになりますか。
④ 同じペースで新規顧客の獲得が続いた場合，仮に解約が生じないとすれば，A 社の来年度（20X5年）の売上はいくらになりますか。

Q 5 - 3　VWZ 社のサブスクは，中途解約可能で契約が月ごとに自動更新されるタイプのサービスです。料金は毎月同額（定額）で，同社は現在，サブスクの契約形態の変更を検討しています。以下の①～③について，売上高の予測可能性を向上させるものには○，予測可能性の向上に貢献しないものには×をつけなさい。
① 売上の向上を狙って，料金体系を定額部分と従量課金部分に分ける。
② 一定期間内に契約を解除した場合には違約金を受け取る形態に変更する。
③ 定額料金を従量課金に変更したうえで，ボリュームディスカウントを設ける。

第 **6** 章

投資採算に関連する
サブスク会計の指標

　本章では **CAC 回収期間法**，LTV，**ユニットエコノミクス**について説明します。これらの指標は，投資の採算性に関連しています。投資の採算性とは，投資に対して返ってくる利益の割合のことを指します。

　サブスクに限らず，ビジネスにおいて投資の採算性を考慮する必要があります。投資を実行する前に採算の合う投資なのかどうかを判断し，投資を実行した後も採算性を測定し評価します。ですが，社会人になって会社で目の前の仕事に追われていると忘れてしまいがちです。

1．投資採算

（1）　回収期間法と CAC 回収期間法

　一般的な投資採算の評価方法の1つに**回収期間法**という手法があります。回収期間法は，日本企業では昔から使われている投資採算の評価手法です。簡単に説明すると，投資した資金を回収できるまでの期間を評価する方法です。この期間がどれだけ短いかによって投資の採算性を評価します。投資した金額を早く回収できるほうが有利という考え方です。投資回収を終えた後の利益はそのまま会社の儲けとなります。

①回収期間法（収入が一定ではない場合）

　回収期間法には収入が一定の場合と一定ではない場合の計算方法があります。たとえば，毎月の現金収入が不確定で一定ではない場合，毎月の現金収入を積

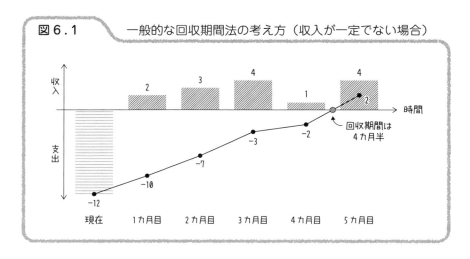

図6.1　一般的な回収期間法の考え方（収入が一定でない場合）

み上げた結果，投資に要した現金支出を何カ月目で回収し終えるかを数えます。図6.1の場合，5カ月目の途中で投資の回収が終わります。

② 回収期間法（収入が一定の場合）

一方，毎月の現金収入が一定の場合は簡単に計算ができます。投資に要した現金支出の額を毎月の現金収入の額で割ればよいのです。図6.2のように12万円の投資に対して毎月3万円の収入があるのであれば「12万円÷3万円」となって4カ月で投資の回収を終えることがわかります。

③ CAC回収期間法

サブスクの投資採算計算にも回収期間法の考え方が使われています。サブスクの場合，CACを将来の顧客獲得のための先行投資とみなしてその投資をどれくらいの期間をかけて回収できるかを採算性の指標として使います。これをCAC回収期間法といいます。

CACはCustomer Acquisition Costのことで，顧客獲得費用です。顧客1人当たりを獲得するのに投じる費用の意味で使うことが多く，顧客獲得"単価"と訳すことのほうが多いかもしれません。第4章でのS&Mの分解の説明のように，新規顧客の獲得に投じた費用全体を意味することもあります。文脈

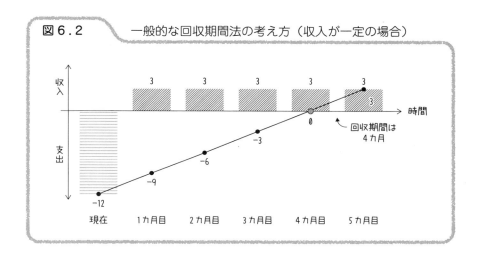

図6.2 一般的な回収期間法の考え方（収入が一定の場合）

に応じて使い分けられるように注意しましょう。

　第1章の図1.5では，投資採算を費用と収益の関係で説明していますが，第4章で言及したとおり，財務会計では顧客獲得に投じた費用が収益と個別に対応せず，使用した会計期間に対応します。そのため費用と収益の関係にもかかわらず，先に紹介した回収期間法の現金の支出と収入の関係に近い形になります。

　図1.5からわかることは「顧客がもたらす1カ月分の利益よりも顧客を獲得する費用のほうが何倍も大きいので，損益分岐点に到達するには何カ月も要する」ということです。つまり投じた費用の回収を完了するまでに長い期間を要するということです。それとともに「損益分岐点に到達し費用の回収を終えた後も顧客との関係性が継続する限りは利益がもたらされ続ける」ということもわかります。また，投じた費用を回収するまでの期間が短ければ短いほど，すべての期間を通して見た場合の累積の利益が大きくなることもわかります。

　このような構造になるのはサブスクの場合，回収に長期を要するCACを投下しても，顧客を獲得さえしてしまえば長期的に定期収益が発生し続けるからです。一方で長期的な収益が見通せるからこそ，より大きな費用を顧客獲得のために投資できるという見方もできます。

　なお念のため補足しておくと，CAC回収期間法の計算方法は一般的な回収

期間法と同じです。

（2） Jカーブ

　CAC回収期間法について説明しました。この手法に関する説明は多くの雑誌や書籍で紹介された考え方ではありますが，実は現実と少し乖離しています。よくある説明は**図6.3**の左側の図の形になります。最初のCAC投下時点の累積損失が最も大きくて時間の経過とともに累積利益が直線的に積み上がっていくように見えます。そのため，最初に大きく投資すれば直線的に儲かっていくビジネスモデルだとの誤解を招いている可能性があります。

　実際には図6.3の右側の図のほうが現実を反映しています。一時的にではあるものの，時間の経過とともに累積損失がドンドン大きくなり，その後，利益が積み上がっていくのがサブスクの累積利益のカーブです。そして，このカーブはJカーブと呼ばれています。

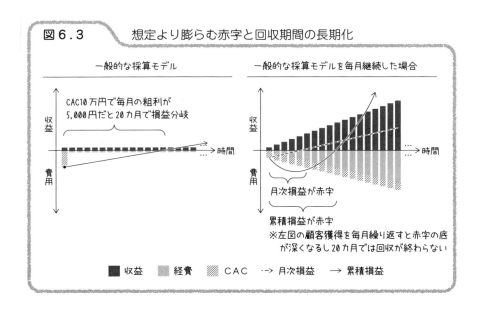

図6.3　想定より膨らむ赤字と回収期間の長期化

①想定以上に膨らむ一時的損失と想定以上に長期化する回収期間

継続的に CAC を投下しながら顧客獲得活動を行った場合に累積利益がどのような軌道を描くのかは，Excel を使えば簡単にシミュレーションができます。

たとえば，月額利用料が 1 万円で，月額利用に対する経費率が利用料の50%，CAC が10万円という条件を設定すると図 6.3 の左側の図のように累積利益が右肩上がりの直線になります。この条件に，毎月 1 人の顧客が獲得されるという条件を追加すると，図 6.3 の右側の図のように累積の利益は，損失がどんどん膨らんでいき，損失のピークを迎えて，その後，利益が増えていくというアルファベットの「J」の形になります。CAC が最初だけでなく継続的に発生する点が左の図との違いです。

また，この条件の場合，1 人ひとりの顧客から費用を回収するまでの期間は10万円を5,000円（ 1 カ月の利益）で除して20カ月となりますが，毎月 1 人ずつ顧客獲得をした際に累積の損失を解消するまでの期間は20カ月どころではなく，より長期を要することもわかります。

つまり，サブスクのビジネスは図 6.3 の左側の図を想定していると，実際には右側の図のようになるので，想定よりもずっと累積損失は膨らみ費用の回収は長期化するということです。

②一時的に累積損失が膨らむ理由

新規顧客を獲得しても累積損失が大きくなっていくのは，その月に発生する既存顧客からの利益の合計よりも，その月に発生する CAC の全額のほうが大きいということです。先の条件でいえば，CAC が10万円で顧客からの単月の利益は5,000円の設定ですから，既存顧客が20人に達して既存顧客からの単月の利益が10万円に到達するまでの間は単月の収支は赤字になります。

単月の収支が赤字の間は累積の損失は毎月積み上がっていきます。一方で，単月の収支が黒字化した後は累積損失が解消へ向かっていきます。そして，そのまま利益を積み上げていくと損益分岐点に到達しその後は累積利益をドンドン積み上げていくことになります。

別の言い方をすると CAC の大きいサブスクの場合，顧客構成のうち新規顧客の比率が大きい時期は赤字を積み上げることになり，既存顧客の比率が大き

84　第Ⅱ部　ビジネスの成否を分ける　サブスク会計

くなってくると CAC による赤字が解消されていきます。しかし，新規顧客を集めないとビジネスの規模は成長しませんので，悩ましいトレードオフだと言えます。これは，成長投資と残す利益のトレードオフとして第4章でも言及しました。

③Jカーブを想定しておく

　ここで気をつけてほしいのは，サブスクは顧客との関係性が担保されていれば，損失が膨らんでいくのは一時的な現象であって，全期間のトータルで見れば利益が出るビジネスモデルであるということです。中長期的にみれば儲かっているのにもかかわらず，想定よりも費用の回収期間が長期化したり累積損失が膨らんだりしたことで，本当は上手くいっているにもかかわらず，想定外に現金が不足するなどして途中でそのビジネスを止めることになればもったいないです。

　そうはいっても赤字が大きくなっていくと不安になるかと思います。顧客獲得活動がうまくいっていれば収支は赤字でも契約中の顧客の数は増えていき，ARR もどんどん大きくなっていて売上高（収益）も成長を続けているはずです。ぜひ，第4章で言及した40％ルールも思い出してください。

④投資とリターンの関係

　先ほどは顧客獲得数を毎月1人としてシミュレーションしましたが，顧客獲得費用（CAC）を2倍にして毎月2人だったらどうでしょうか，CAC を3倍にして毎月3人ならばどうでしょう。つまり，投資額を増やして毎月の顧客獲得数を増やす，言い換えると顧客獲得速度を上げるとどうなるのかをここでは紹介します。

　先ほどのモデルの累積利益の曲線のグラフに，毎月の顧客獲得数が2人の場合と3人の場合の累積利益の曲線を追加したのが**図6.4**です。顧客獲得数が2人の場合は，1人のときの2倍大きな累積損失となる代わりに，損益分岐点を通過した後は2倍の累積利益を得られます。顧客獲得数が3人の場合は1人の場合のそれぞれ3倍です。ただし，損益分岐点に到達するまでの期間は毎月の顧客獲得数が何人であっても変わりがありません。

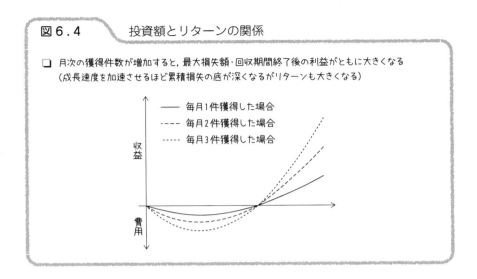

図6.4 投資額とリターンの関係

□ 月次の獲得件数が増加すると，最大損失額・回収期間終了後の利益がともに大きくなる
（成長速度を加速させるほど累積損失の底が深くなるがリターンも大きくなる）

ここから言えることは，顧客獲得のための成長投資を大きくすればするほど将来的に大きな利益を得られる代わりに一時的な損失も大きくなります。この間，現金収支では支出のほうが収入よりも大きくなり，どんどん現金残高が減っていきます。現金が不足してくると倒産のリスクが高まります。つまり，成長投資を大きくするには現金残高が健全である必要があり資金調達能力も高いほうがよいということになります。また，会計期間で区切ると，将来的に大きな利益を出すサブスクほど一時的に損失が大きく見えます。これもサブスクのビジネスの特徴の1つです。

2．LTV

(1) LTVとは

LTV（Life Time Value）は"1人の"顧客が生涯のうちにもたらす価値の総和のことで顧客生涯価値とも呼ばれています。投資採算の観点から言えばLTVはサブスクのビジネスのリターンを表す指標であり長期的な視点で経営を考える際に役立つ考え方です（図6.5）。

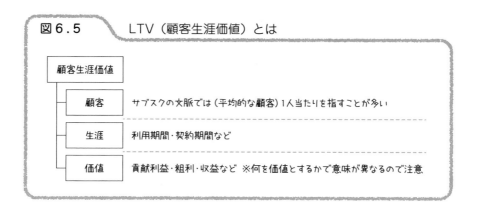

図6.5　LTV（顧客生涯価値）とは

　LTVは，もともとはマーケティングの用語であり，顧客が同じ商品を長期間にわたって購入し続けた場合にどれだけの利益が企業にもたらされるかを計算するために使用されていました（『顧客生涯価値のデータベース・マーケティング：戦略策定のための分析と基本原則』（アーサー・ヒューズ著，ダイヤモンド社））。

　サブスクの普及とともに「LTVと言えば顧客1人当たりの生涯価値」として扱われることが今や一般的になりましたが，同書の中では顧客全体から得られる生涯価値の合計として使われています。筆者なりに表現するとすれば「**ΣLTV**」です。ただし，ΣLTVという表現をしている例はあまりなく，学術的には**カスタマー・エクイティ**（Customer Equity：CE）という用語を使うことが多いので，実務で使うときは注意してください。ΣLTVとLTVは下記の関係になるでしょう。

　ΣLTV ＝ LTV ×顧客数
　LTV ＝ΣLTV ÷顧客数

　期間のうちに繰り返し課金が発生することを想定していると捉えればLTVの考え方はサブスクと相性がよいと言えますし，サブスクの経営指標としても広く使われているのも頷けます。

　ただし，会社ごとに収益や費用などの集計方法などが異なるため，LTVの

意味が厳密には異なることもありますので注意が必要です。共通しているのは，顧客1人当たりが生涯で生み出す価値を把握する指標だということです。

① LTV の LT：Life Time（生涯）

生涯とは顧客との継続的な関係性が担保されている期間のことと考えてもらうといいでしょう。実務上は顧客との契約期間を指すことが多いでしょう。自動更新契約である等で実質的に契約期間の終了時期が不明確な場合もありますが，その場合であっても，顧客との関係ができてから関係が切れるまでの期間の長さのことを言っていると考えておけばまずは大丈夫です。

② LTV の V：Value（価値）

価値とは粗利や**限界利益**を指すことが多いのですが収益を指すこともあります。後で説明するユニットエコノミクスの考え方を踏まえれば，粗利や限界利益（売上高−**変動費**）などの利益によって LTV を計測したいのですが，集計の利便性から実務上は収益によって LTV を計測する会社もあります。LTV が利益ベースなのか収益ベースなのかによって価値の意味が異なりますので注意が必要です。

> **Glossary：限界利益／限界利益率**
>
> **限界利益**は，製品やサービスの販売によって得られる追加の収益から変動費を差し引いたもので，**限界利益率**は，収益（売上高）に対する限界利益の割合である。限界利益率が高いほど少ない販売数量や課金回数で損益分岐点に到達する。

> **Glossary：変動費／固定費**
>
> **変動費**は，製品やサービスの生産量や販売量，売上に応じて変動する費用のこと。原材料費や販売手数料などが挙げられる。サブスクにおいては，利用頻度やユーザー数等に応じて増減する費用が該当する。**固定費**は，製品やサービスの生産量や販売量，売上に関係なく一定期間ごとに発生する費用のこと。家賃，保険料，減価償却費などがある。

③利益ベースと収益ベースのLTVがある理由

　多くの書籍ではLTVは利益ベースを想定して紹介されています。しかし，実務では収益ベースのLTVが使われることがあります。主な理由は即時性と簡便性です。利益は費用が確定しなければ計算できません。これに対して収益は毎月計算できることもあれば毎週とか毎日でも計算できることがあります。管理業務用のツールの発達で収益の集計も楽になりました。

　一方で費用の集計を毎週や毎日の単位でやることは難しいことが多く，ある程度正しい費用が把握できるのは1カ月単位だったりします。収益と費用をリアルタイムで同時に把握することは難しいのです。経営者や事業責任者としてはなるべく即時にLTVを把握したいと思うでしょう。そこで比較的簡単に集計できる収益を使ってLTVを計算しているケースも多いのです。

　補足しておくと，費用が確定しなくても**標準原価**などを使った利益率をあらかじめ算出しておき，それを収益に乗じることで簡便的な利益ベースのLTVを即時的に計算することは可能です。ただし，あらかじめ計算した利益率は過去の実績をもとにしていることと，利益率をあらかじめ計算しておくという手間を考慮すると，正確性と簡便性という意味では少し劣るかもしれません。

> **Glossary：標準原価**
>
> 　**標準原価**は，製品やサービスの製造や提供に必要な材料費，労務費，間接費などの費用をあらかじめ設定した基準値に基づいて計算する方法。サブスクでは，サービス提供にかかる標準原価をあらかじめ設定しておけば，実際の原価が集計されるのを待つことなく，収益ベースのLTVに標準原価率を乗じることで利益ベースのLTVが計算可能となる。

（2）　LTVで考えることの意義

　LTVという視点で考えることの意義について，ケースを用いて説明します（図6.6）。

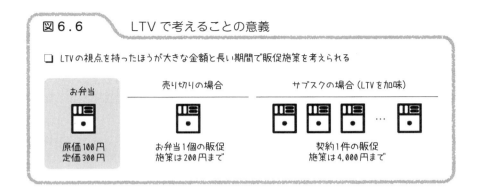

【ケース】
　あなたはビジネス街でお弁当屋さんを経営しています。主要な顧客はビジネス街で働くビジネスパーソンです。お弁当1個の原価100円，売価300円，粗利200円とします。このお弁当を販売するために使える1カ月間の販売促進費用はいくらでしょうか？

① LTV を考慮しない場合
　売り切りビジネスは今日の取引が明日の収益を保証しません。今日買ってくれた顧客が明日も買ってくれるかどうかわからないのです。結果的に1カ月間のうちの出勤日の20日間のすべてで1個ずつお弁当を買ってくれるかもしれません。ですが，それは事前にはわかりません。よって"お弁当1個につき200円"の範囲内で販促施策を考えることが多いでしょう。

② LTV を考慮する場合
　一方で，サブスクの場合，LTV を考慮します。原価100円のお弁当を20日間毎日1個提供するサブスク契約のプランを6,000円で売ると，売上が事前に確定して6,000円になります。また，原価は2,000円になるため，粗利は4,000円です。この場合，事前に確定しているため，"1プランにつき4,000円"の範囲内で販売施策が行えます。
　何個売れるかわからない"お弁当1個につき200円"の範囲内で考えるより

も"1プランにつき4,000円"と考えたほうが販促施策の選択の幅が広がります。たとえば、お弁当の質を向上させたり、販促グッズを活用したり、値引きしたり特典を提供するときに200円ではなく4,000円の範囲で検討できるのです。このように、LTVの視点を持つことで、顧客獲得のための費用投下のアクセルを踏みやすくなります。

(3) LTVの計算式

LTVを計算するには、一般的に2つの方法があります。単価が利益なのか収益なのか、期間が月間なのか年間なのかなど構成要素の違いに注意して取り扱いましょう。

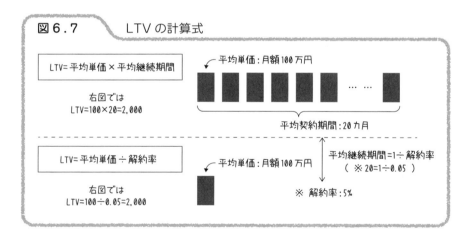

図6.7　LTVの計算式

① LTV＝顧客1人当たりの平均単価×平均継続期間（図6.7の上側）

1つ目の計算方法は「平均単価 × 平均継続期間」です。価値が利益ベースで期間を月間単位とした場合、平均単価は顧客1人当たりにならした月間での利益の単価です。平均継続期間は利益が発生している期間の1人当たりの平均です。顧客1人当たりの利益の平均額が月間100万円で、平均的な継続期間が20カ月であればLTVは2,000万円となります。平均的な1人の顧客が20カ月で2,000万円の利益をもたらすことを意味します。平均単価が収益の場合は収益

ベースの LTV となり，平均的に 1 人の顧客が20カ月で2,000万円の収益をもたらすことを意味します。

実務上は，この方法で LTV を計算するには平均継続期間を推定することの難しさがあります。実際に顧客との関係が切れるまで継続期間がわからないのですが，関係を切らさないのがサブスクなので，いつまでも平均継続期間を出すことができません。また，熱狂的なファンがいて関係がずっと継続しているなどの事情で平均を出すことが難しいこともあります。

② LTV ＝顧客 1 人当たりの平均単価÷解約率（図 6.7 の下側）

2 つ目の方法は，「平均単価 ÷ 解約率」という方法です。解約率は第 7 章で詳しく説明しますのでここでは計算だけを確認します。1 つ目の方法と同じく平均単価が利益ベースで月間100万円のときに月間での解約率が 5 ％だとすると100万円を 5 ％で除して LTV が2,000万円となり，解約率 5 ％のときに平均的な 1 人の顧客が2,000万円の利益をもたらすことを意味します。もちろん平均単価が収益の場合は収益ベースの LTV となり，平均的に 1 人の顧客が2,000万円の収益をもたらすことを意味します。

③平均単価についての補足

収益ベースの平均単価は「収益÷顧客数」で，利益ベースの平均単価は「収益÷顧客数×利益率」で算出されます。利益率には粗利率や限界利益率を用います。

本書では平均単価という呼称で一括りにしていますが，顧客数のカウントの仕方によって収益ベースの平均単価の呼称が異なります。実務でよく使われる例として ARPU，ARPPU，ARPA があります。下記の計算式は月間の場合です。

・ARPU（Average Revenue Per User）：ユーザー 1 人当たりの平均収益
 MRR ÷月間ユーザー数＝ ARPU
 ARPU ×月間ユーザー数＝ MRR

・ARPPU（Average Revenue Per Paid User）：課金ユーザー1人当たりの平均収益
MRR ÷ 月間課金ユーザー数 = ARPPU
ARPPU × 月間課金ユーザー数 = MRR

・ARPA（Average Revenue Per Account）：1アカウント当たりの平均収益
MRR ÷ 月間アカウント数 = ARPA
ARPA × 月間アカウント数 = MRR

(4) 解約率から算定するLTV

先の具体例では平均単価100万円でした。初月に平均で100万円を獲得しますが、解約率が5％なので2カ月目は95万円、3カ月目は90.25万円、4カ月目は85.7375万円と5％ずつ減っていき、これがずっと続くと最終的に0円に近づきます。この少しずつ減っていく毎月の平均単価をすべて足し合わせたものがLTVになります（図6.8）。

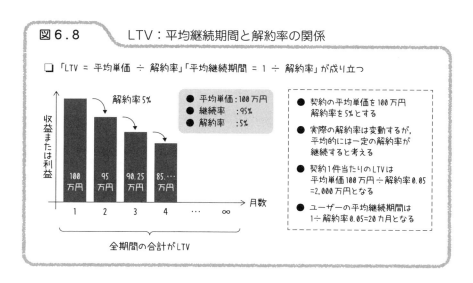

図6.8　LTV：平均継続期間と解約率の関係

実はこれは高校の数学で学習する無限等比級数の和です。数学が得意でない人にとっては難しいかもしれません。証明は本章の付録に付けますが，LTVは「平均単価÷解約率」という式で，そして平均継続期間は「1÷解約率」という式で計算することができます。先の例の月間解約率5％のときは，LTVは2,000万円，平均継続期間は20カ月となります。数学が少し苦手で証明が理解できなくても，平均継続期間が解約率から推計できるということを知っておくと便利です。

(5) 解約率の低下がLTVを向上させる

解約率が下がれば平均継続期間が長くなります。平均継続期間が長くなれば，LTVが大きくなります。つまり，解約率が下がればLTVは大きくなります。

図6.9は解約率の違いが月次利益とLTVに与える影響を比較したものです。解約率5％のほうが10％のときよりも月次利益もLTVも大きいことがわかります。計算上も解約率5％のときは10％のときの2倍のLTVであることがわかります。LTVはサブスクのリターンです。そのLTVは解約率を下げていくほど大きくなるということは重要ですので覚えておいてください。図6.9は利益ベースで説明していますが，この関係性は収益ベースのLTVであっても同じです。

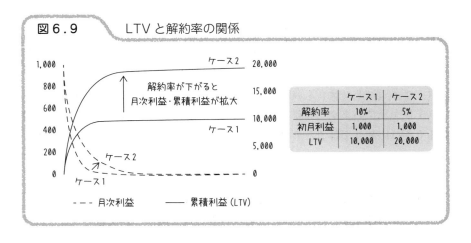

図6.9　LTVと解約率の関係

3．ユニットエコノミクス

（1） ユニットエコノミクスはサブスクの ROI である

①ユニットエコノミクスの計算方法

　一般的に使われている投資採算を測る指標の1つに ROI（Return on Investment：投資利益率）があります。ROI は分子がリターン，分母に投資額を用いて投資の効率性を測定します。サブスクのビジネスは投資効率をユニットエコノミクスで測ります。ユニットエコノミクスの分子が LTV で分母は CAC です。ここでいう CAC は顧客獲得"単価"です。LTV が顧客1人当たりの生涯価値ですので，CAC も顧客1人当たりの獲得費用を用います。

　具体的に数字を入れて確認しましょう。LTV が2,000万円のときに CAC が500万円であればユニットエコノミクスは4となります。CAC の4倍の LTV が得られるとわかります。LTV が粗利ベースだとすると，1人の顧客を獲得するのに500万円を投じると1人の顧客から期間終了までに2,000万円の粗利が返ってくるので，手許に残る利益は1,500万円になることを示しています。計算例からもわかるように顧客1人当たりの投資効率を測るのがユニットエコノミクスです。

②ユニットエコノミクスの目安

　ユニットエコノミクスは ROI と同じく分子にリターン，分母に投資の構造になっています。計算上は1倍を超えれば投資すべきであり，1倍を下回れば投資すべきではありません。しかし，ユニットエコノミクスは顧客1人当たりの効率性を見ています。実務上は顧客ごと（ユニット）に按分できない**固定費**を賄うだけの利益を得るためには，より大きなユニットエコノミクスを実現する必要があります。

　ユニットエコノミクスの目安として3倍を超えることが望ましいという言説があります。そのように書いている書籍もあります。目安の1つにはなりますが，その妥当性はビジネス実態をもとにつど検証したほうがよいでしょう。な

ぜならコスト構造はそのビジネスごとに異なるからです。

また3倍超が望ましいという言説では、LTVは利益ベースを想定しているものと考えられます。収益ベースのLTVは原価を見込んでいないため、ユニットエコノミクスが3倍だと実質的には損失を生み出している可能性があります。

先の例の2,000万円のLTVが収益ベースだったらユニットエコノミクスはどうなるでしょうか。この2,000万円は収益なので、ここから顧客にサービスを提供するために生じる原価等の費用を控除します。仮に原価率が70％だとすると2,000万円のうち費用は1,400万円となり、残りは600万円です。つまり利益ベースに換算するとLTVが600万円です。このときCACが500万円だとするとユニットエコノミクスは1.2倍で、手許に残る利益は100万円となります。

LTVが利益ベースなのか収益ベースなのかで、ユニットエコノミクスの値が持つ意味が変わってくるため、ユニットエコノミクスを指標に用いるときは注意が必要です。

(2) ユニットエコノミクスを大きくするには

ユニットエコノミクスを大きくするにはLTVを大きくするかCACを小さくするしか方法はありません（図6.10）。LTVを大きくする方法は、単価を

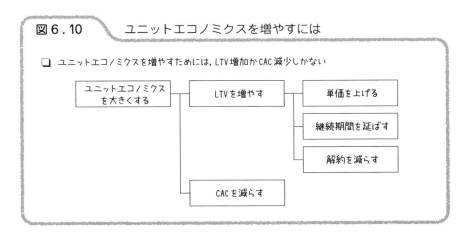

図6.10　ユニットエコノミクスを増やすには

上げるか，継続期間を延ばすか，解約率を下げるかのいずれかになります。本書では解約率について第7章で取り上げます。また解約率を下げ，エクスパンション（顧客単価向上）を獲得する考え方としてカスタマーサクセスを第10章から第12章で取り上げます。CACを小さくする方法は本書では扱わずほかの書籍に譲ることとします。

（3） ユニットエコノミクスを用いた投資採算評価における注意点

　顧客獲得のための投資を実行する時点でユニットエコノミクスの値が大きければ投資を実行することになると思います。しかし，事前評価でプラスだからといって，事後的な実績評価でもプラス評価を維持できるかというと意外とそうでもありません。逆に事前評価でマイナスであったとしても，実行した後の実績評価ではプラスになることもあります。

①事前評価はよいのに事後評価が悪化するケース

　ある企業が大規模なキャンペーン広告を実施したとします。実施前の事前評価ではユニットエコノミクスが良好だったとしましょう。しかし，実施してみたら広告効果で一時的に顧客が急増したものの，品質が顧客急増に耐えられず解約率が上昇し，LTVが減少したとします。CACを増加させたのにもかかわらずLTVが減少する結果になると，事後的なユニットエコノミクスは悪化してしまいます。

②事前評価は悪くても事後評価が改善するケース

　別の企業が大規模なキャンペーン広告を実施したとします。実施前の事前評価ではユニットエコノミクスが悪かったとしましょう。しかし実施してみたら広告効果で顧客が急増したことで顧客1人当たりのCACが下がり，顧客急増の効果でサービス提供が効率化されて原価率が下がり，LTVが増加したとします。広告費を投じてはいるものの1人当たりの顧客獲得費用であるCACは下がり，LTVも上昇したとなるとユニットエコノミクスの値は改善します。

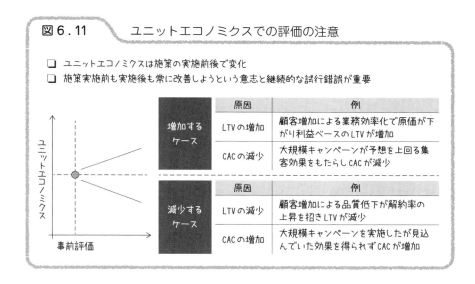

図6.11　ユニットエコノミクスでの評価の注意

　サブスクのビジネスにおいて重要なことは，ユニットエコノミクスの一時的な評価や増減に一喜一憂せずに試行錯誤をしながら定期的に監視して，経営や事業の推進に必要と認める水準を維持するように改善を継続することです。

4．付録

（1）「LTV＝平均単価÷解約率」の証明

　平均単価を p，継続率を r とすると，全期間の収益・利益の合計（すなわち LTV）S は，

$$S = p + pr + pr^2 + pr^3 + \cdots \quad (1)$$

と表すことができます。ここで，両辺に r を乗じると，

$$Sr = pr + pr^2 + pr^3 + \cdots \quad (2)$$

となるため，式（1）から式（2）を減じると，

$$(1-r)S = p$$

となり，$S = p/(1-r)$ を得ます。ここで，解約率を c とすると，$c = 1-r$ が成

り立つため，

$$S = p/(1-r) = p/c$$

すなわち，LTV＝平均単価÷解約率となります（図6.12）。

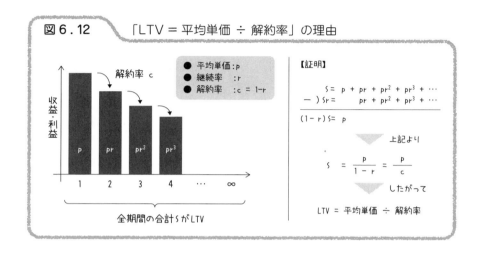

図6.12　「LTV ＝ 平均単価 ÷ 解約率」の理由

（2）「平均継続期間＝1÷解約率」の証明

　証明をする前に，平均継続期間と延べ継続期間・ユーザー数の関係を確認しておきます。図6.13では，はじめにA〜Eの5人のユーザーが存在しますが，毎期一定の割合で解約が発生するため，6期目にはユーザー数が0となっています。

　いま，各ユーザーの継続期間はAが5期，Bが4期，…，Eが1期ですから，ユーザー5人の延べ継続期間は5＋4＋3＋2＋1＝15期となります。この延べ継続期間をユーザー数の5で割ると，15÷5＝3となり，ユーザーの平均継続期間は3期ということがわかります。このように，平均継続期間は「延べ継続期間÷ユーザー数」で表すことができます。

第6章　投資採算に関連するサブスク会計の指標　　99

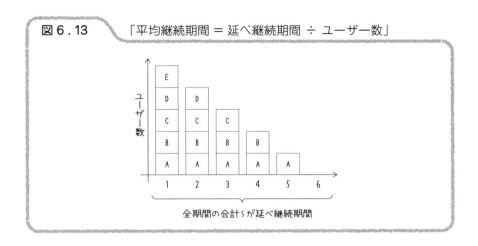

図6.13　「平均継続期間 ＝ 延べ継続期間 ÷ ユーザー数」

図6.14において，契約時のユーザー数をuとしたとき，全期間の合計（延べ継続期間）は，「LTV＝平均単価÷解約率」の証明と同様にS=u/cとなります。ここで，「平均継続期間＝延べ継続期間÷ユーザー数」ですから，

　　　　　　　平均継続期間 ＝ S ÷ u ＝ u/c ÷ u ＝ 1/c

と表すことができます。

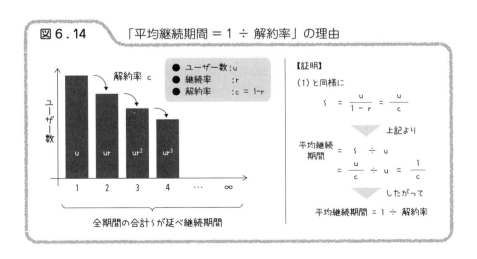

図6.14　「平均継続期間 ＝ 1 ÷ 解約率」の理由

● 第 6 章のまとめ

① サブスクにも CAC 回収期間法など投資採算を計算する手法がある
② CAC を大きく投じるサブスクの投資採算の累積損益は J カーブを描き累積赤字が膨らんでいく。赤字であっても，投下した費用が効果を出しているならば顧客数や定期収益が増加傾向にあるだろう
③ J カーブになる成長投資を大きくすると一時的ではあるが赤字も大きくなるので現金がどんどん減るため倒産のリスクが高まる。J カーブになる成長投資をするならば現金残高に余裕があり，できれば資金調達能力があるほうがよい
④ LTV はサブスクのリターン。LTV を考慮すると長期に大きな金額でビジネスを考えられる。利益ベースなのか収益ベースなのかに注意して取り扱う
⑤ ユニットエコノミクスはサブスクの ROI。解約率を下げて LTV が増えればユニットエコノミクスの値は改善する

トレーニング　　　　　　　　　　　　　解答・解説はコチラから

Q 6-1 サブスクビジネスを行っている A 社は，新規獲得費用100万円を投入し，獲得した顧客から表にあるような売上（MRR として表示している）を得られる見込みです。このとき，①〜③に答えなさい。

① 表の累積欄の空欄を埋め，累積で何万円の利益を得られるか計算し，LTV を求めなさい。なお，本問題では，売上は即時に入金されるものとする。
② 利益の回収は，何期目に達成されますか。
③ 表の数字から，ユニットエコノミクスを計算しなさい。

第6章　投資採算に関連するサブスク会計の指標　　101

（単位：万円）

	MRR	利益率	顧客獲得費用	損益の累積
現在			−100	
1 期目	60	60%		
2 期目	50	60%		
3 期目	40	60%		
4 期目	40	60%		
5 期目	30	60%		

Q 6-2　A 社は20X5年1月より月額料金が1万円のサブスクビジネスを開始してい
ます。このサブスクビジネスの直接経費は売上の50％です。また，この直接経費
とは別に，A 社は新規顧客獲得費用（CAC）を月に10万円かけ，毎月1件ずつ新
規顧客が増えるものと仮定します。なお，計算にあたり，顧客の離脱は想定しな
いものとしたとき，以下の①〜④に答えなさい。

①　A 社の20X5年10月の月次利益はいくらになりますか。

②　A 社のサブスク事業が単月黒字を計上するのは，いつになりますか。

③　A 社のサブスク事業の累積損失が解消されるのは，いつになりますか。

④　B 社も月額1万円のサブスク事業を同時期に開始しています。B 社は月に20万
円の顧客獲得費用をかけており，毎月2件ずつ新規顧客が増えるものと仮定し
たとき，A 社と B 社の J カーブを比較すると，その形状にどのような違いがあ
りますか。

第 **7** 章

顧客維持に関連する
サブスク会計の指標

　サブスクのビジネスを「穴の空いたバケツ」と表現することがあります。水をどんどん注いでもバケツに大きな穴が空いているとすべて流れ出てしまいます。バケツの中の水を増やすには注ぐ水の勢いを強くしながら穴を塞いでいくことになります。

1．解約率の重要性

　解約率を下げるとLTVが大きくなってユニットエコノミクスが向上するという関係を第6章で説明しました。しかし，いざ解約率を下げようとしても解約率が何かを知らなければやりようがありません。本章では解約率について掘り下げていきます。

（1）　解約率をチャーンと呼ぶ

　解約を英語でChurnと言います。解約率は**チャーンレート**（Churn Rate）です。ですが，チャーンと言うだけで解約率を指しているときもあります。
　後述しますが実務に使われている解約率にはさまざまなものがあります。本書では**カスタマーチャーンやレベニューチャーン**のように解約の性質を踏まえた解約率を呼称するときは「○○チャーン」の呼称を使うこととします。

（2） 継続率との関係

　解約率と**継続率（リテンションレート）**は裏表の関係です。5％の顧客が解約したという状況は95％の顧客が継続しているという状況でもあります。よって下記の計算式で表せます。

　解約率＝1－継続率
　継続率＝1－解約率

　実務上は解約率を使う企業もあれば継続率を使う企業もあります。本書では主に解約率を使って説明します。

（3） 新規獲得と既存維持のどちらを重視すべきか

　LTVの計算式によって解約率を下げていくことが重要と理解できます。しかし，どれだけ解約されても新規顧客の獲得のほうが多ければ「顧客全員のLTVの合計（つまり第6章で言及したΣLTVです）」が大きくなるともいえます。そうすると解約を減らすよりも新規獲得を増やすことに注力したほうがビジネスの判断として正しいということになります。どちらが正解なのでしょうか。

【ケース1】
　図7.1の左側の図は解約率よりも新規獲得による顧客の増加率が高い状態を毎年繰り返している場合です。確かにこれが利益の増減だとすると，その利益の総和であるΣLTVは永遠に成長し続けることができます。たとえば最初の年に1,000の利益があったとして，5％が解約でなくなり10％が新規獲得で増えたとすると1,000－50+100＝1,050で5％の増加です。理屈の上ではこれを毎年繰り返すと毎年の利益もΣLTVも毎年5％ずつですが無限に成長します。

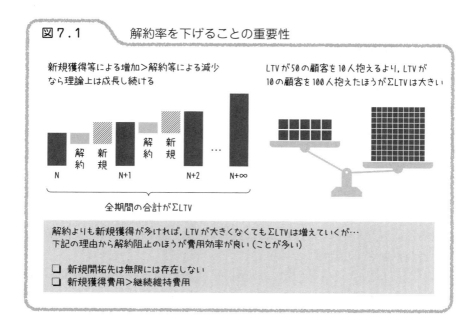

図7.1 解約率を下げることの重要性

【ケース2】

　図7.1の右側の図の天秤の左の小皿に載っているのはΣLTVです。LTVが50の顧客が10人いるのでΣLTVは500です。一方の右の小皿に載っているのはLTVが10の顧客が100人でΣLTVは1,000です。同じ単価のものを取り扱っているとして仮に利益単価が1だとしたときに，解約率が2％であれば1÷2％でLTVは50となり，解約率が10％であれば1÷10％でLTVは10となります。左の小皿のほうは解約率が低くLTVが大きいのに，ΣLTVでは右の小皿のほうが勝っています。

　以上の2つのケースをみれば解約率を下げるよりも新規獲得に注力して顧客数を増やすことのほうがビジネスを成長させるうえで重要なようにみえます。しかし，もう少し現実的な考慮を入れる必要がありますので次に説明します。

（4） 新規獲得も大事，解約率低減も大事

　もし新規顧客の候補者が無限に存在していて，しかも新規顧客を獲得するための費用が安いのであれば，解約率を下げる努力を一切しなくてもいいかもしれません。先に挙げた2つの例のように新規顧客の獲得に注力することでΣLTV を大きくしていくことができます。しかし，次のような理由もあり現実的には難しいのです。

①理由1：市場規模には限界がある

　解約率が高いとあっという間に市場を食い尽くすかもしれません。たとえば，ターゲット顧客が日本の上場企業だとしたら4,000社程度です。新しく上場する会社も毎年数十件～100件前後です。もし初年度に4,000社と契約できたとして年間解約率が50％だったら2年目に2,000社，3年目に1,000社と減っていき13年目に1社を下回ります。

　ほかにも，ターゲット顧客が日本人だとしたら少子高齢化で人の数がどんどん減っていきますし，新しく生まれる子供の数も減っています。さらに言うと，取り扱っているサービスがニッチだとしたら市場規模はより小さくなります。市場規模には限界があり，新規顧客を獲得し続けるにも限界があります。

②理由2：一般に新規顧客獲得費用よりも既存顧客維持費用のほうが安い

　これまでも何度か説明してきたとおり，サブスクは新規顧客獲得時に多額の費用を要するビジネスです。ですから既存顧客を大事にするほうが利益効率がよくなります。また，LTV が大きければ大きいほど，新規顧客の獲得費用を大きく投下することができるので，解約率が低いほど競合他社との新規顧客獲得競争においても有利です。さらに言えば，既存顧客によってもたらされた利益を新規顧客獲得のために再投資することで新規顧客獲得速度が上がります。このように考えてみると，実は，解約率を下げるほど新規顧客獲得も有利になるのがサブスクのビジネスです。

　加えて，企業は新規顧客に関する情報よりも既存顧客に関する情報を多く

持っているので，契約更新に際しての交渉は新規顧客を獲得するための交渉よりも容易というのは直感的にも理解しやすいかと思います。

　サブスクは「顧客との継続的な関係性を担保」するビジネスです。一見すると新規顧客を獲得したほうが効率よくビジネスの規模が成長するように見えます。しかし，解約率を下げて既存顧客を維持することで利益効率がよくなり，既存顧客から得た利益を新規顧客獲得に再投資することでよりビジネスの成長速度が上がります。サブスクのビジネスでは限られた市場のパイの中で新規獲得と既存維持のバランスを取りながら費用（第4章の図4.7のCAC，CRC，CEC）を配分しつつ成長させていく，という難易度の高い舵取りを要求されます。

2．さまざまな解約率の種類を理解する

　ここからはさまざまな解約率について紹介していきます。

(1) カスタマーチャーンとレベニューチャーン

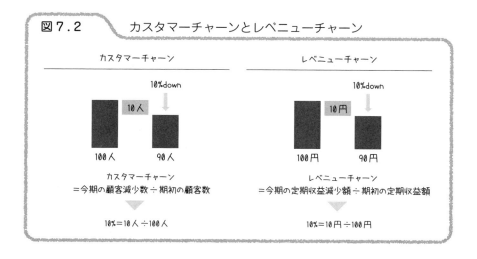

図7.2　カスタマーチャーンとレベニューチャーン

①カスタマーチャーン

図7.2の左側の図は「カスタマーチャーン」の説明です。これは"顧客の数"が減少する比率を示しています。顧客数ベースの解約率です。たとえば，期初に100人の顧客がいて期末までに90人に減った場合，10人が解約していなくなったので顧客数が10%減だとわかります。カスタマーチャーンが10%ということです。

②レベニューチャーン

図7.2の右側の図は「レベニューチャーン」の説明です。これは"定期収益の額"が減少する比率を示しています。収益ベースの解約率です。たとえば期初に100円の定期収益があって期末までに90円に減った場合，10円が解約によってなくなったので収益が10%減だとわかります。レベニューチャーンが10%ということです。

③カスタマーチャーンとレベニューチャーンの違い

すべての顧客への課金額が同じで顧客1人当たりがもたらす収益がすべて同じであれば，カスタマーチャーンとレベニューチャーンを使い分ける意味はあまりないかもしれません。しかし，顧客によって課金額が異なる場合は違いを把握しないと困ったことになります。

顧客ごとに課金額が異なるときに，課金額の大きな顧客が解約すると，その解約が与える影響はレベニューチャーンのほうがカスタマーチャーンよりも大きくなります。つまりレベニューチャーンのほうが高い解約率になります。次のケースを用いて確認します。

【ケース】

とあるサービスの期初の顧客が100人，期末の顧客数は90人，カスタマーチャーンは10%でした。全顧客の平均単価が1万円のサービスなので期初の定期収益は100万円です。ただし，解約した10人は上得意の顧客でこの10人の平均単価は3万円でした。このとき，レベニューチャーンは何%になるでしょうか。

解約した顧客の平均単価が3万円で人数が10人なので定期収益の減少分は30万円です。期初の定期収益が100万円なので100万円から30万円がなくなって期末に残った定期収益は70万円となります。よってレベニューチャーンは30%です。

カスタマーチャーンは10%なのにレベニューチャーンは30%となりました。課金額の大きな顧客に解約されると収益減が大きくなることがよくわかります。このように，解約率といっても中身によって意味が異なるので注意が必要です。

④顧客数をカウントする（数える）ことの難しさ

実務で実際にカウントしてみるまでは納得しにくいかもしれませんが，実は顧客数をカウントすることは意外と難しいということを認識しておいたほうがよいでしょう。

たとえば，無償期間があって一定の条件を満たすと有償化する課金形態の場合，無償期間中は顧客数としてカウントすべきでしょうか。無償部分と有償部分で構成されているサービスで無償部分だけの継続利用も可としているときに，無償利用者は顧客としてカウントすべきでしょうか。

1人の顧客が3つのアカウントを契約した場合，顧客数は1なのか3なのかどちらがよいのでしょうか。顧客が企業の場合，契約は1つだけれど利用者の数は数百人といった具合に非常に多くなったりしますが，この場合，顧客数は1なのでしょうか，それとも利用者数を顧客数とすべきでしょうか。

参考例ですが，Slackというコミュニケーションツールがあります。同社の上場の際の有価証券届出書（Form S-1）によれば「課金プランを使っている3人以上の組織を1つの顧客としてカウント」しているそうです。

⑤顧客のカウント方法には明確な基準は存在しない

顧客をどのようにカウントするかに公式な基準はありません。ですからビジネスの目的や管理上の都合に合わせて決めていくことになります。カスタマーチャーンが10%と言っても顧客の数え方がわからないと何が10%なくなったのかがわかりませんので注意が必要です。

同様に，顧客1人当たりの平均単価など，顧客のカウントの仕方で計算結果

の変わる指標も、顧客のカウント方法次第で数値の解釈が変わってくるので注意が必要です。

（２） グロスチャーンとネットチャーン

次に、**グロスチャーン**、**ネットチャーン**を紹介します。それぞれの違いを知って使いこなせるようになりましょう。

まず、図7.3を見てください。定期収益の増減理由別に分析したウォーターフォールチャートです。期初に100円の定期収益があります。期末までの期中に新規獲得した顧客による収益増が30円、既存顧客によるエクスパンション（アップセルやクロスセルによる顧客への課金額向上）の収益増が20円、一方で、既存顧客によるダウングレードで収益減が5円、既存顧客の解約による収益減が10円となり、期末の定期収益が135円です。期中に発生した増減を合計すると35円の収益増となっています。

①グロスチャーン

期初の定期収益から、既存顧客のダウングレードによる収益減と、既存顧客

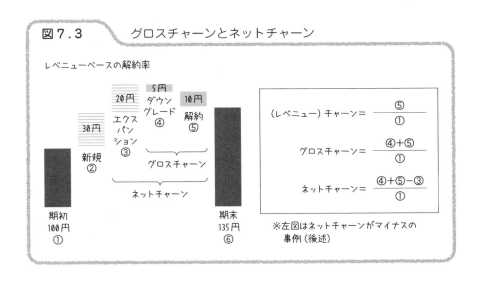

図7.3　グロスチャーンとネットチャーン

110　第Ⅱ部　ビジネスの成否を分ける　サブスク会計

の解約による収益減が，期末までにどのくらいあったかを示します。図7.3
ではダウングレードの5円と解約の10円の合計15円の収益減となりますので，
15円÷100円×100で15％の収益減です。この収益減の割合をグロスチャーン
と呼びます。

②ネットチャーン

　ネットチャーンは既存顧客からの収益増をグロスチャーンに加味したものです。図7.3ではダウングレードと解約で合計15円の収益減がありますが，一方で，エクスパンションで20円の収益増がありますので合計すると5円の収益増となります。計算は－5円÷100円×100で－5％です。少しややこしいのですが，収益の減少は－5％ですが5％の収益増を意味しています。ネットチャーンは符号がプラスになることもマイナスになることもあります。符号がマイナスになるとき，ネットチャーンのことをネガティブチャーンと呼びます。詳しくは後述します。

③レベニューチャーンの呼び方に注意

　実務上，レベニューチャーンと言えば期初の定期収益から解約によって減少した収益の割合を指すことが多いと思われますが，グロスチャーンやネットチャーンのことをレベニューチャーンと呼ぶ人もいます。いずれの語もレベニュー（収益）の増減を見ているのですが，レベニューチャーンという言葉のほうが広義に解釈しやすいので言葉の使い分けに注意しましょう。

（3）　ネガティブチャーン

①顧客数減のはずなのに収益増になるのがネガティブチャーン

　ネットチャーンの符号がマイナスになる現象のことを，ネガティブチャーンと呼びます。図7.4の右側の図の例では期初に100円の定期収益があり，既存顧客からの収益の増減によって結果的に5円の収益増となっています。ネットチャーンは－5％ということです。もう少し説明すると，図7.4を見る限り，既存顧客の解約が10円ありますので"既存の顧客数は確実に減っているはずな

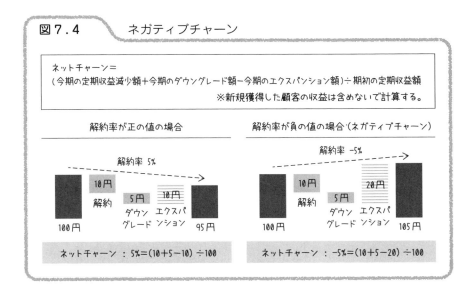

図7.4　ネガティブチャーン

のに、残った顧客達からの収益だけで期初の収益を超える収益を生み出した"ということになります。これがネガティブチャーンのすごさです。

解約率を下げながらエクスパンションして既存顧客からの収益を大きくしていくことでネガティブチャーンを達成することが可能になります。

②ネガティブチャーンの達成事例

図7.5はSlack社が公表したARRの推移です。ARRの発生開始年別の**コホート**に分けて表現しています。横軸は年別に時間をとっており、縦軸はARRの金額をとっています。コホートとは共通因子をもった集合体のことです。この図7.5はARRの発生開始年を1つのコホートとし、各コホートのARRの暦年での変動を分析しているグラフです。

一番下の1層目はFY2015（FYはFiscal Yearの略で会計年度を表します）からARRが発生しておりFY2019までの間に幅が次第に広がっています。つまり、FY2015に新規獲得した顧客がその後も継続していて継続年数を増やすごとにARRが増えていることを示しています。同様に2層目はFY2016からARRが発生しておりFY2019までの間に幅が次第に広がっています。こちら

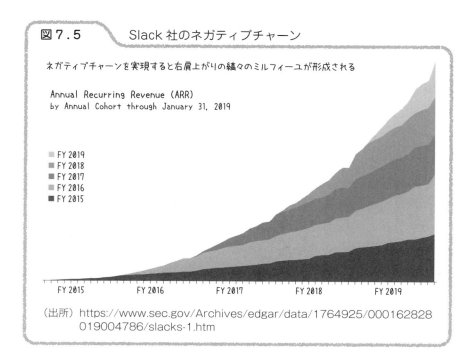

図7.5 Slack社のネガティブチャーン

もFY2016に新規獲得した顧客がその後も継続していてARRが継続年数を増すごとに増えていることを示しています。3層目，4層目，5層目と同様に年を経るごとにARRが増えています。

このような現象が起きるのはSlack社が毎年新規に顧客を獲得しており，継続する顧客への課金額を毎年増やしているからです。図中にカスタマーチャーンが記載されていませんのでどの程度の顧客数の減少があったのかは確認できていませんが，おそらく年々解約によって顧客数は減っているはずです。それにもかかわらず，解約による収益減を上回るペースで継続の顧客からの収益増を実現させていることがわかります。

日本の会社であればSansan，freee，Chatworkなどがネガティブチャーンの達成をミルフィーユ状のグラフを用いて公表しています。ちなみにネガティブチャーンを達成していない状況でこのグラフを公表している例を筆者はみたことがありません。アピールにならないからでしょうか。あえてグラフを作る

第7章　顧客維持に関連するサブスク会計の指標　113

と右肩下がりのミルフィーユ状になります。

③ネガティブチャーンの注意点

　ネガティブチャーンを達成しているということは，解約せずに残った顧客からの収益が増えているということです。顧客数が少なくなっているので課金額の平均単価は上昇しているはずです。だとすると特定の顧客への依存度が高くなっている可能性があります。特定の顧客に依存している状態のときにその顧客が解約すると収益減は大きなものになります。

　これは都市伝説なのですが，とある国のソーシャルゲームの顧客がどんどん解約していき顧客が最後の1人になったそうです。ですがその1人が熱狂的なファンで，しかも大富豪だったそうです。その顧客が課金し続けたのでたった1人のためにソーシャルゲームの運営会社はゲーム開発を続けたそうです。理屈の上ではお金さえ払ってもらえるならば顧客が最後の1人になってもビジネスを続けられるのかもしれませんが，その顧客が解約したら課金先をすべて失い，会社の現金がなくなって最終的には倒産してしまいます。特定の顧客に依存することが常に悪いわけではありませんが，注意をしたほうがよいでしょう。

4．真の解約率はわからない　解約率計算の注意点

　多くの指標がそうであるように，解約率も計算対象とするデータの取り方が変わると計算結果が変わります。ビジネスにおいて数字の扱いは慎重にしたいものですが，サブスクの場合，計算式からもわかるように解約率次第でLTVが大きく変わるため，解約率はより慎重に扱う必要があります。

（1）　月間解約率と年間解約率の比較

　解約率といっても期間の長さによってまったく印象が変わります。たとえば，ある会社の解約率が30%だとします。これが月間解約率であれば，年間解約率に換算すると約98.62%になります。つまり1年後にはほぼすべての顧客が解約していなくなってしまうような解約率です（図7.6）。月間であることを

114　第Ⅱ部　ビジネスの成否を分ける　サブスク会計

図7.6　　月間解約率と年間解約率

月間解約率	年間解約率
0.50%	5.84%
1.00%	11.36%
2.00%	21.53%
4.00%	38.73%
6.00%	52.41%
8.00%	63.23%
10.00%	71.76%
12.00%	78.43%
15.00%	85.78%
20.00%	93.13%
25.00%	96.83%
30.00%	98.62%

❏ 計算の対象とする期間の長さを
　年間で見るか，月間で見るか

❏ 日次，週次，四半期，半年，…
　さまざまなサイクルで見ることがあり得る

❏ このように，解約率を読むときは時間の単位
　に気を配る

月間解約率30％だと
1年後には顧客はほぼ残っていない

確認せずに，年間解約率が30％なのだと勘違いしてしまうと1年後に顧客が
まったくいなくなっていてビックリするでしょう。

　このように，解約率の話をする際は，計算対象となる期間の長さを意識して
おくことが非常に重要です。計算対象が1週間なのか，1カ月なのか，四半期
なのか，半年なのか，1年なのか，それとも10年なのかなど，どれくらいの期
間を対象にして解約率を計算しているのかを日ごろから確認するようにしま
しょう。

（2）　データの傾向

　図7.7に直近1年間の年間解約率46％で平均の月間解約率が5％の2つの
ケースを示しました。ケースAは月間解約率が月を経るごとに下がる傾向に
あって，年間では46％の解約率です。ケースBは月間解約率が月を経るごと
に上がる傾向にあります。

　どちらも年間解約率は46％ですが，ケースAのほうがケースBよりも価値
が高いと考えてよいでしょう。傾向が維持されればケースAのほうが翌年以

第7章 顧客維持に関連するサブスク会計の指標　115

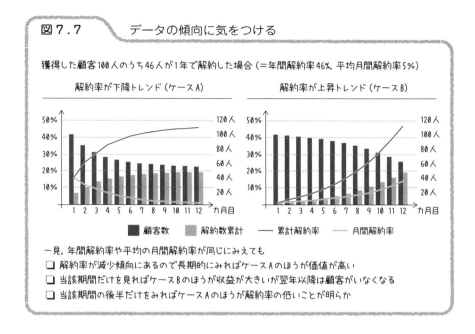

降の解約率が低下していくことが期待できるのですが，逆にケースBは解約率が上昇していく懸念があるからです。この1年間だけを見ると，顧客への課金単価がどちらも同じ場合，ケースAよりもケースBのほうが当該期間の収益（売上高）の累計は大きくなります。なぜなら，顧客数の累計はケースBのほうが大きいからです。とはいえケースBはこのペースで解約率が上昇し続けると翌年には顧客数が激減します。一方でケースAは解約率が下がり続ければほとんど顧客が減らなくなります。ですから，長期的に見ればケースBよりもケースAの価値のほうが高いのです。

　また，このようにデータに傾向が出ていると，データの参照期間のとり方次第で解約率が変わってしまいます。図7.7であれば当該期間の後半だけを参照すればケースAがケースBに比べて解約率が低いことは明らかです。

(3) データ参照期間

データの参照期間によっても解約率が変わります。いつからいつまでの期間のデータを使用して解約率を計算するかという点が重要です。

①解約率にはバラつきがある

たとえば、「A社の解約率が月間解約率5％」と聞くと図7.8の左側の図に示したように、その会社の解約率の推移は毎月5％の定率で継続しているような想像をしてしまいます。

しかし現実には、一定の範囲内でだいたい5％前後の解約率になるということはあっても、毎月ピッタリ同じ解約率になることはあまりなくて、バラつきが出ます。今月は5％だったけど、先月は7％だったし、その前の月は4％だったといった具合に、解約率にはバラつきが生じるのです。

そこで平均して解約率を見ようということになりますが、平均を計算するに

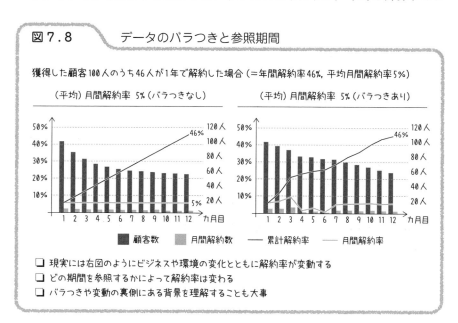

図7.8　データのバラつきと参照期間

はどの期間を参照するべきかという問題に直面します。

②参照期間の違いが解約率に影響を及ぼす

　図7.8の右側の図は月間解約率が平均で5％です。ですがこの1年間の動きを見ると最初の3カ月は解約率が5％を超過していて，次の3カ月は解約率が5％を下回り，その後は解約率が5％を超過するようになっています。

　解約率算出のためのデータ参照期間を1年間とすれば5％なのですが，ビジネスの実態を表していない可能性があります。なぜ解約率が上下に変動したのかを考慮に入れてみましょう。きっと数字の裏側に事情が隠れているはずです。

　たとえば，もともと品質に問題があり解約率が高かったのが最初の3カ月で，品質改善のバージョンアップをリリースしたことによって顧客満足が高まり解約率が下がったのが4カ月目から6カ月目の3カ月だったとしたらどうでしょうか。品質改善のバージョンアップが原因であれば一過性ではないので低い時期の解約率のほうがビジネスの実態を表しているかもしれません。

　しかし，後から解約率が上昇しています。もしかしたらせっかく品質改善して解約が減ったのに，その後に競合が登場して顧客を奪われているのかもしれません。そうすると，競合がいなくならない限りは直近数カ月の高い解約率のほうがビジネスの実態を表しているかもしれません。

③今のところ参照期間に正解はない

　参照期間を長くとるほうがデータ量も増えますし，そのビジネスの実態を正しく捕捉できそうな気がします。しかし，期間が長くなれば過去に起きたイベントによるノイズがたくさん混じってしまって解約率がバラつきますし，直近の実力をうまく反映しているかと言えば疑問が残ります。たとえば，創業30年目のサービスの解約率を評価するのに30年間分ものデータを参照する必要があるのかはよく考えたほうがよいでしょう。

　一方で，参照期間を短くすると最近の傾向のみが反映されるため，データの信頼性に疑問を呈されるかもしれません。一時的になんらかの要因で数字がよく見えているだけかもしれませんので，最近の傾向がどの程度維持されるのかは時間が経ってみなければわかりません。

データの参照期間に正解はありません。ですが，正解がないからこそ，データの参照期間で計算結果が大きく変わってしまう可能性があることを念頭に置くことが重要です。

また，ビジネスの **PDCA** を回して継続的に改善するという視点に立てば，データの正しさと同じくらい，比較可能性も重要です。同じルールでつくった解約率同士を経年で比較してみて改善しているのであれば，厳密な計算でなかったとしても，そのビジネスの解約率が時間の経過とともに改善していることを確認することが可能です。正しさにとらわれすぎず，ビジネスを成功に導くための道具として指標を使うという考えが重要です。

5．妥当な解約率を知っておく

（1）　妥当な解約率を知ることの意義

LTV の計算式を考慮すれば解約率が低ければ低いほどビジネスに有利です。しかし，解約率を 0 に近づけたくてもそうはならない現実もあります。解約率を可能な限り下げていくことの重要性を理解しつつも，実務上はサブスクのビジネスを成立させるには「どの程度の解約率が妥当なのか」を知っておくとよいでしょう。

妥当な解約率を認識しないままに，同水準の課金単価のサービスを扱う競合他社に解約率で大きく負けてしまうと，LTV でも負けてしまうことになります。また，ユニットエコノミクスを考慮すると競合他社に比べて十分な CAC（顧客獲得単価）を投下できなくなるため，顧客獲得競争も苦戦を強いられることになります。このような事態を避けるためにもまずは妥当な解約率を意識しておきたいものです。

また「穴の空いたバケツ」との比喩もありますが，解約率が高いままで CAC を投じても顧客がどんどん流出してユニットエコノミクスが低下してしまいます。ビジネスを立ち上げた直後や新しいサービスのリリースの直後などは，戦略的に低いユニットエコノミクスを許容することもありますが，早期に健全化できたほうがビジネスとしては安心です。ここでも，どの程度の解約率

第7章　顧客維持に関連するサブスク会計の指標　　119

であれば健全なのかを知っておかないと，いつまでたってもユニットエコノミクスが採算に合わなくて儲からないビジネスを続けることになってしまいます。

（2）　参考となる解約率

①アメリカで上場したSaaS企業の解約率

　Blossom Street Ventures の co-founder であるサミー・アブダラ氏の記事（https://blossomstreetventures.medium.com/the-most-important-metric-in-saas-9fcb1480eea2）によれば，2010年から2019年にアメリカで上場したSaaS企業が，上場時に公開した**ネットリテンションレート**と**グロスリテンションレート**について，次のようになっていました。

　ネットリテンションレートを公開した49社の中央値が111％でした。これをネットチャーンに換算すると−11％となり，ネガティブチャーンを達成しています。また49社のうち上場時にネガティブチャーンを達成していない企業のほうが少ないようです。上場するほどの企業は解約されにくく，それでいて顧客との関係性の継続の中で課金額を増やしていけるサービス設計ができているのだろうと思われます。

　49社のうちグロスリテンションレートも公開したのは8社で，その中央値が96％でした。これをグロスチャーンに換算すると中央値で4％になります。SaaSであれば年間解約率4％は目標の1つと言えるかもしれません。

　103ページで解約率と継続率（リテンションレート）の関係に触れましたが，念のため補足しておくと計算はそれぞれ下記になります。

　ネットチャーン＝1−ネットリテンションレート
　グロスチャーン＝1−グロスリテンションレート

②顧客の規模が小さいほど解約率は高い

　顧客企業の規模によって解約率が異なることが知られています。調査によって細かい数値は異なりますが，顧客の規模が小さいほど解約率が高い傾向があります。カスタマーチャーンもレベニューチャーンも同じ傾向にあります。

　参考までに，クラウドサービスなどソフトウェアのサブスクであるSaaSの

年間解約率は，カスタマーチャーンやグロスチャーンでいえば，顧客企業の規模別に SMB は30％未満，MM で20％未満，Enterprise なら10％未満を目指したいといったところが，妥当な相場観のようです。ただし，先述のとおり，上場するような会社はもっと低い解約率を実現しています。

補足ですが，企業の規模を SMB（Small and Medium Business），MM（Mid-Market），Enterprise に分けることがあります。筆者が調べる限りですが，それぞれ明確な定義はないようです。ここでは従業員規模として SMB は100人未満，Enterprise は数千人，MM はその中間というくらいに受け止めておいてもらえれば大丈夫かと思います。

顧客規模別の解約率はトマシュ・トゥングズ氏の記事（https://tomtunguz. com/saas-innovators-dilemma/）や Bessemer Venture Partners 社 の HP（https://www.bvp.com/atlas/state-of-the-cloud-2020/）などが参考になりますので閲覧してみてください。

③他にもある解約率の違い

ここまで紹介した以外にも，解約率には下記のような傾向があることがわかっています。

- ・B2C のほうが B2B より解約率が高い傾向がある
- ・顧客単価が高額なほど解約率が低い傾向がある
- ・産業別に解約率が違う。おそらく SaaS は他に比べ解約率が低い傾向にある

Glossary：B2B／B2C

B2B（Business to Business）は，企業間で行われる取引を指し，BtoB とも表記する。**B2C**（Business to Consumer）は企業と一般消費者との間で行われる取引を指し，BtoC とも表記する。

妥当な解約率を知るにあたっては顧客規模，顧客単価，所属する業界などを考慮するとよいでしょう。また，Recurly 社の HP（https://recurly.com/research/

churn-rate-benchmarks/）も参考になります。

●第7章のまとめ
① 継続率（リテンションレート）は「1－解約率」で求められる。逆に解約率は「1－継続率」で求められる
② 解約率にはカスタマーチャーン，レベニューチャーン，グロスチャーン，ネットチャーン，ネガティブチャーンなど色々な解約率が存在する
③ ネガティブチャーンは顧客数が減ったことによる収益減よりも残った顧客からの収益増のほうが大きくなる現象で，グラフにすると右肩上がりのミルフィーユ状になる
④ 解約率の計算根拠となるデータの参照方法や顧客数のカウントの仕方で計算結果が変わる。しかし，データの参照や顧客数のカウントに正解はなくて意外と難しい
⑤ 妥当な解約率を知るには顧客規模，顧客単価，所属する業界などを考慮するとよい

トレーニング　　　　　　　　　　　　　　　解答・解説はコチラから

Q7-1 サブスクサービスを提供しているX社の202X年度の1月と2月の顧客に関する情報は以下のとおりです。アップグレードは，レギュラープランからプレミアムプランに移行した顧客の数，ダウングレードは，プレミアムプランからレギュラープランに移行した顧客の数です。

　この数値に基づき，以下の①〜④の解約率に関連する数値を計算しなさい。

122 第Ⅱ部 ビジネスの成否を分ける サブスク会計

人数

プランの種類	1月月初	解約	新規獲得	グレードの変更		2月月初
プレミアム (1,200円／月)	400	50	100	アップグレード（＋）	80	470
				ダウングレード（－）	60	
レギュラー (800円／月)	1,600	30	120	アップグレード（－）	80	1,670
				ダウングレード（＋）	60	
合計	2,000	80	220	—	—	2,140

① カスタマーチャーン

② レベニューチャーン

③ グロスチャーン

④ ネットチャーン

Q7-2 ネットチャーンの値がマイナスになることを，何と呼びますか。また，なぜネットチャーンの値がマイナスになることが望ましいのでしょうか。

第 III 部

サブスクの事業開発と
持続的な成長

第 8 章　サブスクの事業開発に関する 8 つの勘違い

第 9 章　利益につながるサブスクの事業開発

第10章　カスタマーサクセスの理屈と
　　　　経営指標に与える影響

第11章　カスタマーサクセスの実践

第12章　顧客の分類と最適化

第13章　サブスク企業の決算資料を読み解く

第8章

サブスクの事業開発に関する
8つの勘違い

　筆者はビジネスパーソン達と情報交換をする機会がたびたびあるので，「サブスクって○○ですよね！」とか「サブスクだから○○ですよね！」といったお話を伺うことがあります。サブスクに対する先入観のようなものが強い方が時々いらっしゃって，このまま事業開発をしても大丈夫なのかなと心配になります。

　ここでは事業開発と呼称していますが，新規の事業開発だけでなく，自社の既存のビジネスをサブスク化したり，他社の売り切りビジネスをサブスク化して自社の新規事業として実施したりすることも含みます。

　本章では筆者が聞いた勘違いを皆さんと共有することで，サブスクの事業開発についての理解を深めていきます。

1．「手離れよくチャリンチャリン」は勘違い

　サブスクのビジネスは，顧客と関係性さえ一度できてしまえば，その関係性が継続するので，顧客獲得時にだけ努力をすれば，その後は"何の努力をしなくても"関係が継続する限り持続的に利益が得られるビジネスモデルだと考えている人がいます。この考えを「手離れよくチャリンチャリン」とか「チャリンチャリンビジネス」といった言葉で表現されています。

　多くの場合はそんなに甘くはありません（**図8.1**）。なぜなら関係性を継続するための努力を続けなければ顧客が離れていくからです。努力しなければ競合に乗り換えられるかもしれません。解約されないためには製品を含めサービス全体の改良のための追加投資をしたりカスタマーサクセスをしたりといった，

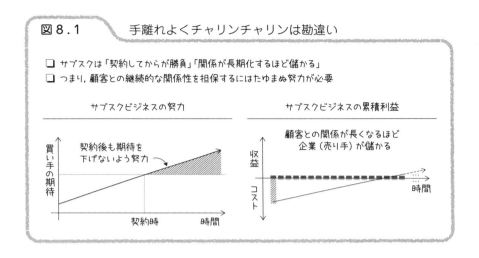

たゆまぬ努力が必要です。努力を怠った結果，顧客に受け入れられず，短期利用での解約が続けばそのビジネスは失敗してしまいます。実際に多くのサブスク企業の財務諸表の中に多額の原価，販管費，減価償却費，設備投資が努力の証として計上され続けています。努力が投資や費用となって表れているのです。

また，「契約してからが勝負」なのがサブスクです。事業開発にあたってはカスタマーサクセスを考慮し「顧客との継続的な関係性を担保」する努力をし続けることを前提にしておいたほうがよいでしょう。カスタマーサクセスについては第10章から第12章で詳しく取り上げます。

2．「先行者優位」は勘違い

（1） 先行者優位とブルーオーシャン

「サブスクのビジネスは先行者優位だから今から後発が参入しても意味がないよね」と言われたりもします。これも勘違いです（図8.2）。これはサブスクに限った話ではありませんが，どのようなビジネスも先行者優位なのか後発者優位なのかは一概には言えません。なぜかサブスクの事業開発の話をしているとサブスクだから先行者優位だと思い込んでいるビジネスパーソン達がいます。

図8.2	先行者優位は勘違い		

先行者／後発者	参入市場	競争	市場の有無
先行者	ブルーオーシャン	ない	市場が形成されるかは未知数
後発者	レッドオーシャン	激しい	市場は確実にある

携帯電話の先行者はNTTドコモだが後発者のKDDI・ソフトバンクも利益を出している

複合機の先行者は富士ゼロックス（現・富士フイルムビジネスイノベーション）だが後発者のキヤノンも利益を出している

　また，こちらも理由はよくわかりませんが，サブスクは先行者優位のビジネスと思い込んでいる方の多くは，サブスクをするにはブルーオーシャン戦略でなければならないと思い込んでいるケースが多いというのが筆者の印象です。もちろんこれも勘違いです。

Glossary：先行者優位／後発者優位

　先行者優位とは，市場に先行して参入することで得られる優位性のことである。とくにサブスクの場合，早期のシェア獲得と買い手のスイッチングコストの形成が重要と考えられる。一方，**後発者優位**は，先行者の行動と市場の変化を学ぶことで効率的に市場に参入することで得られる優位性である。サブスクに限らずどちらが優位かは一概には言えない。

Glossary：レッドオーシャン／ブルーオーシャン

　レッドオーシャンは，競争が激化している既存の市場を指す。一方，**ブルーオーシャン**は，未開拓の市場を指す。ブルーオーシャン戦略は先行者優位が得られやすい等のメリットが主張されているが，そもそも顧客がいない可能性もある等のデメリットもある。サブスクに限らず，必ずしもブルーオーシャン戦略が自社の戦略にマッチするとは限らない。

（2）　携帯電話の場合

　たとえば，携帯電話のビジネスでいえばNTTドコモが先行者ですが，後から KDDI やソフトバンクが参入しさらには楽天も参入しました。楽天は長らく赤字に苦しんでいましたが最近は黒字化がみえてきたという報道を目にします。つまり，後から参入しても利益を出せないわけではありません。ビジネスは1位か2位になることだけが重要なわけではありません。たとえ上位でなくても市場に健全な競争環境をもたらし，雇用を創出し，利益を出しているのであれば社会に貢献していると言ってもよいでしょう。何に価値を置くかはその事業目的次第です。

（3）　複合機の場合

　複合機（当時は複写機）はメンテナンスのほかにインクやトナーのカートリッジ交換が発生するため，継続的に顧客との接点を持つことができて，繰り返し収益を生み出すことができます。当初は普通紙複写機のシェアを富士ゼロックス（現・富士フイルムビジネスイノベーション）社が独占していましたが，キヤノン，リコー，コニカミノルタ，シャープなどが後から参入したのは皆さんご存知のとおりです。今や複数の企業が複合機のシェアを奪い合うようになっています。

（4）　どっちがいいかは一概に言えない

　先行者優位と後発者優位，ブルーオーシャンとレッドオーシャンのそれぞれが，一概にどちらがよいとは言えないのです。それはサブスクであっても同様です。ですから，先行者優位じゃなければとかブルーオーシャンじゃなければとか，あるいは，どちらかじゃないとダメだと思い込んでいるとしたらそれは勘違いです。

3．「サブスク＝Ｂ２Ｃ」は勘違い

　消費者として利用していることが多いからかもしれませんが，サブスクといえば"Ｂ２Ｃだけ"だと思い込んでいるビジネスパーソン達もいます。これも勘違いです。

　図8.3はソフトウェアのサブスクであるSaaSを並べた表です。見て頂ければわかるように機能別のSaaSや業界別のSaaSなどさまざまなサービスが乱立しています。皆さんも一度は見たことのあるSaaSがあると思います。これらは企業がユーザーとなって利用しています。つまりＢ２Ｂということになります。

図8.3　　　「サブスク＝Ｂ２Ｃビジネス」は勘違い

❏ 機能別SaaS

機能	グループ ウェア	チャット	WEB会議	CRM/SFA	HR	会計
例	Office365 rakumo G Suite	Slack Chatwork Workplace	Zoom Skype sMeeting	Salesforce Zoho UPWARD	ジョブカン カオナビ SmartHR	freee 勘定奉行 Scale Model

❏ 業界別SaaS

業界	医療	小売	飲食	ホテル	物流	製造
例	CLINICS YaDoc	Spacely Forest	トレタ スマレジ	メトロエンジン TsugiTsugi	LyCloud トラボックス	アペルザクラウド RFQクラウド

4．「サブスクは無形物が対象」は勘違い

　SaaSの印象が強いからかNetflixなどのコンテンツのサブスクの印象が強いからか理由はわかりませんが，サブスクは"無形物だけ"を扱うビジネスだと勘違いしているビジネスパーソン達もいます。

実際には有形物（モノ）のサブスクがたくさん存在します。たとえば，工場の電力監視のサブスクの「MM Cloud」は，電力監視のためのデバイスが必要なので有形物が介在します。ビニールハウスやガラスハウスの環境監視の「あぐりログ」もデバイスが必要です。ブリヂストンもタイヤのサブスクを扱っています。

もっといえば，B2Cに範囲を限定してみても有形物のサブスクがあります。月額定額課金で野菜が毎月1回届けられる「ロスヘル」，家具のサブスクの「サブスクライフ」，バッグのサブスクの「ラクサス」，車のサブスクの「KINTO」など実にさまざまです。

第2章でも言及したとおりサブスクがどんどん普及していて，あらゆる有形物のサービスがサブスクで利用可能な世の中に変わりつつあります。

5．「定額課金が公平」は勘違い

第1章でも言及しましたが，サブスクといえば定額課金と勘違いしている人もいるくらい定額課金は世の中に普及してきました。ビジネスの観点でいえば定額課金を採用すれば課金設計や請求管理などの事務もシンプルになりますし，第5章でも言及したとおり定額課金は従量課金よりも安定性が高いという利点があります。またすべての顧客に同じ金額を課金するのだから公平な感じがします。しかし定額課金が公平とは限らないのです。

（1）　不公平でも悪くない

定額課金はすべての顧客に対して公平な課金形態だと思い込んでいるビジネスパーソン達がいます。すべての顧客が同じ金額を支払うので，一見すると公平な気もしますし，これを公平というならばそれも1つの考え方です。ですが事業開発にあたっては定額課金が必ずしもすべての顧客に公平とはいえないという考え方があることも知っておいたほうがよいでしょう。あえて不公平さを利用することで「顧客との継続的な関係性を担保」してビジネスを成立させることもあり得ます。

（2） 従量課金のほうが公平とも言える

　サブスクは顧客に課金して得たお金を使ってサービス提供機能を維持・向上させています。サブスクを維持するための費用は顧客が負担しているのです。そう考えると多くのサービス提供を受けた人ほど多く課金されるほうが公平であり，使ったら使っただけ課金される従量課金を採用すべきとなります。よく考えてみれば，売り切りビジネスは基本的に従量課金です。スーパーマーケットに行ってリンゴを1個買えば1個分の，2個買えば2個分の代金を支払います。

（3） 公平と不公平の均衡点

　定額課金による不公平が生じると**哀れな子羊**と**ハゲタカ**が出現します。これらのキーワードだけでは意味不明なので**図8.4**で説明します。図8.4の縦軸は金額，横軸にはサービスの利用量を表しています。

　図中の右肩上がりの直線は従量課金を示しています。横軸の利用量が増加すると縦軸の課金額が増加するという関係です。一方で図中の横線は定額課金を示しています。いくら使っても同じ金額ということです。

　この右肩上がりの直線と横線の交差する点が均衡点です。どちらの課金方式

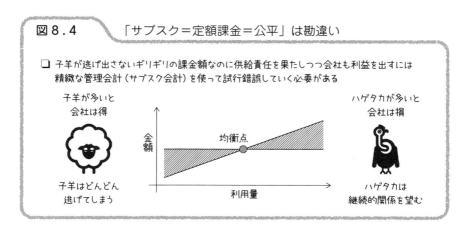

図8.4　「サブスク＝定額課金＝公平」は勘違い

第8章　サブスクの事業開発に関する8つの勘違い　131

であったとしてもサービスの利用量と課金額とが釣り合う点です。

（4）　サブスクで損をしている哀れな子羊

　均衡点より左下側の斜線部分が意味することは，均衡点よりも利用量の少ない顧客は使ったサービスの量に比して高い金額を定額課金で支払っているということです。

　ここに位置する顧客は損していることになります。ですから哀れな子羊と表現します。サブスクの事業者からみれば，課金額に比してサービス供給の費用を抑えることになり利益が増えることになります。哀れな子羊は事業者に利益をもたらしてくれているのです。

　しかし，このような状況がずっと持続するかは疑問です。哀れな子羊は自らが哀れな子羊だと気づいたら逃げていくでしょう。逃げるばかりか新しい哀れな子羊が生まれないようにネガティブな口コミを広げることもあり得ます。つまり解約率が高くなったり新規顧客獲得の費用である CAC が高くなったりするかもしれません。そうならないために，事業開発の段階で課金設計の妥当性をしっかり検討しておいたほうがよいでしょう。

（5）　サブスクで得をしているハゲタカ

　均衡点より右上側の斜線部分が意味することは，均衡点よりも利用量の多い顧客は使ったサービスの量に比して低い金額しか定額課金で支払っていないということです。

　ここに位置する顧客は得をしています。顧客は得を自覚すればまさにハゲタカのようにサービスをどんどん使うでしょう。サブスクの事業者から見ればサービス提供が増えれば費用も増えます。課金額に比して高い費用が発生し続けると場合によっては赤字になるかもしれません。

　その赤字は哀れな子羊から得た利益で補填することになりますが，補填しきれないときはビジネスを継続することが難しくなり，ビジネスが哀れな子羊ともどもハゲタカに食いつぶされてしまうことになります。

（6）　哀れな子羊を幸せな子羊に変えていく

　顧客間の不公平と哀れな子羊の存在によって定額課金のビジネスが成立しているのだとしたら，いかに哀れな子羊との継続的な関係性を担保しつつ，哀れな子羊を増やしていくかがビジネスの成否にとって重要ということになります。しかし，哀れな子羊はいつかは逃げてしまうでしょう。

　自らの損失に無自覚な哀れな子羊を増やすよりは，供給量やそれにともなう費用の大きさにかかわらず定額課金額を継続的に支払ってもよいと感じてもらえるビジネスづくりを志向したほうがよいでしょう。このような顧客を本書では「**幸せな子羊**」と呼びましょう。第3章で取り上げた課金設計の考え方の工夫や，この後の章で取り上げるカスタマーサクセスに取り組むことが幸せな子羊を増やすヒントになるでしょう。

　また，別の考え方としてハゲタカをつくらないようにすることや，サービス提供にかかる費用を極めて小さくすることを考慮してもいいです。ソフトウェアやコンテンツなどのサブスクはその傾向があるので定額課金の採用が多いのかもしれません。一方，ソフトウェアでは**フリーミアム**を採用していて，有料ユーザーが無料ユーザーの費用を負担している構図になっていることも多々あります。やはり課金設計は難しいものです。

6．「顧客間の不公平が調整できない」は勘違い

　顧客間の不公平を調整する課金の方法がいくつかあります（**図8.5**）。サブスクの事業開発において活用可能なので知っておくとよいでしょう。上手く活用することでハゲタカを減らし幸せな子羊との関係を継続させることができるかもしれません。課金設計については第3章でも取り上げていますし，ここで紹介している以外の方法もあります。広くアンテナを張って事例を収集するとよいでしょう。

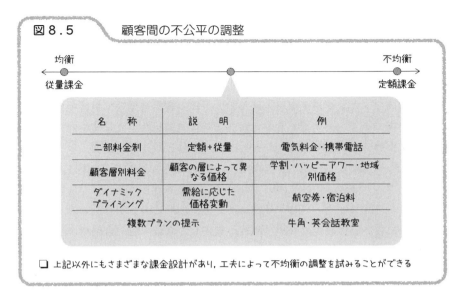

図8.5 顧客間の不公平の調整

■二部料金
　定額課金＋従量課金など，何段階もの課金を組み合わせることもできる
　（例）電気料金，電話料金
■顧客層別料金
　顧客の属性で課金額を変える方法
　（例）通学定期，携帯電話の家族割，学割，シルバー割引，レディースデイ，ファミリー割引など
　時間や曜日などサービスの利用のタイミングに応じて課金額を変える方法
　（例）平日割引，ハッピーアワー，牛角の食べ放題サブスク（後述します）
　都市部と郊外など場所によって課金額を変える方法
　（例）スポーツジムのエニタイムフィットネスは顧客の登録店舗によって毎月の課金額が異なります
　フリーミアムもお金を払ってでも使いたい顧客とそうでない顧客を層別にして課金額を変える方法という見方ができるでしょう
■ダイナミックプライシング
　需給等に応じて柔軟に課金額を変える方法

（例）航空券，宿泊料，テーマパークの入場券

（1）　牛角の複数課金プランの試み

　複数の課金プランを用意する方法での公平性の調整について事例を取り上げます。焼肉のチェーン店である牛角が2019年に実施した1カ月間焼肉食べ放題のサブスクの「焼肉食べ放題PASS」の事例をもとに説明します。

　「焼肉食べ放題PASS」は食べ放題の「牛角コース（1人3,828円）」と「お気軽コース（1人3,278円）」のいずれかを月額11,000円（税込）で1日1回注文できるサービスです。当時，サブスクでの提供はこの1プランのみでした。

　明らかに安い価格設定のため，顧客が殺到して席数も焼肉も供給が追いつかない状態になり，短期間のうちに提供を停止しました。まさに哀れな子羊が割りを食うばかりか牛角自身がハゲタカに食いつぶされそうになったので停止したという見方もできるかもしれません。

（2）　プラン設計の変更と課金額の設計

　牛角は後に改めて短期間だけサブスクを再開するのですが，その際は7種類のプランが用意されました。いずれも食べ放題ではなく平日18時までや土日祝だけといった時間や曜日の指定がプランごとにあり，食べられるメニューも500g焼肉定食や350g焼肉定食など複数のバリエーションを用意して，これらの組み合わせによってプランが設計されていて課金額も全体的に高くしてプランごとに設定しました。残念ながら新型コロナウイルス感染症の流行の影響もあって短期間で提供を停止することになってしまい，本書の執筆時点において牛角のサブスクは復活していないようです。

　牛角自身がどれほど意図的に実施したかはわかりませんが，このように複数のプランを用意することは子羊とハゲタカのバランスを変える試みとして有効です。

　事業開発の観点でいえば，最初にサブスクを開始するときに1プランだけでなくて複数プランを用意するか課金額の設定をもっと高くするなどやりようは

あったのかもしれません。しかし，それを外野からとやかく言っても結果論です。

　もちろん最初から綿密に設計されていればよいですが，やってみないとわからないこともあります。試行錯誤しながら最適な課金設計を追求し続けようとすることが事業開発では重要です。

7．「マス向けじゃないとダメ」とか「パーソナライズしないとダメ」は勘違い

　理由はわかりませんが「○○じゃないとダメ」と思い込んでしまうビジネスパーソン達がいて，サブスクは「マス向けじゃないとダメ」とか「パーソナライズしないとダメ」とどちらかに偏って思い込んでいたりします。これも勘違いです。また昨今ではマス向けでありながらパーソナライズされている例もあり，これらは両立すら可能かもしれません。

（1）　パーソナライズされたサブスクの例

　マス向けのサブスクとして Netflix など定額課金のコンテンツ配信サービスなどが連想しやすいと思います。一方でパーソナライズされたサブスクは想起しにくい方もいるかもしれません。

　パーソナライズされた例の1つにテレマティクス保険があります。テレマティクス保険は走行距離，運転速度，ブレーキのかけ方といった個人別の運転状況の情報が自動車に設置した端末から保険会社に送られ，その情報をもとに保険料を算定する保険のことです。非常におおまかに言うと，危ない運転をしていると保険料が上がる保険です。運転状況は人によって異なります。顧客の状況に合わせて課金額が決まるのですから，まさにパーソナライズされているといえます。

（2）　パーソナライズは顧客の囲い込みにつながる

　実はパーソナライズはサブスクと相性が良い面があります。第2章で言及し

たとおり IT/DX は顧客を囲い込むことと相性が良いのですが，IT/DX によってパーソナライズが実現しているサービスが数多くあります。

先述したテレマティクス保険もそうですが，ほかにも，毎月の従量課金額の大きな顧客は課金額に応じてボリュームディスカウントを受けられたり，プラチナやゴールドなどのランクが付与されて高いランクにあるほど特典が受けられたり，余分にポイントが付与されるといった仕組みを設けているサブスクもあります。

また，最近では当たり前になった顧客の購買履歴をもとに，商品やサービスがリコメンドされる機能もパーソナライズの1つです。このように，昨今では顧客の状況に応じてサービス内容や課金額が変わることがみられるようになりました。

個々の顧客の状況に応じてパーソナライズされたサービスを提供したり課金したりしようとすると，多くの場合，定額課金ではなくなります。定額課金に起因するハゲタカと哀れな子羊の問題からは距離を置くことができるようになります。

（3） マス向けとパーソナライズの両立の可能性

マス向けかパーソナライズかの択一ではなく両立することも可能です。たとえば動画配信サイトはマス向けのサブスクの1つですが，マイページを通じて視聴履歴が学習され個々の顧客の趣向に応じた動画コンテンツがリコメンドされます。顧客ごとにパーソナライズしていると言えます。今後も IT/DX の技術が発達するとともにマス向けのサブスクのパーソナライズが可能になるなどして顧客の囲い込みが進むでしょう。

8. 「自社ビジネスをサブスク化しなければならない」は勘違い

第2章であらゆるビジネスがサブスクを志向すると言及しました。しかし，実際には売り切りビジネスのままでいたほうがよいことも多々あります。常に

サブスク化したほうがよいとは言えません。サブスク化における注意点やどのような場合にサブスク化が肯定されるかは第9章に譲るとして、ここでは「自社ビジネスをサブスク化しなければならない」という勘違いについて、メーカーと流通の観点からメーカーが消費者向けのサブスクに参入することについて考えてみます。

(1) メーカーのサブスク参入

L社というPCメーカーは、ゲーム用のPCと周辺機器をまとめて月額課金のサブスクで提供しています。このケースではメーカーが顧客である消費者に直接サービスを提供することになるので、流通を介さない分だけメーカーに利益を残すことができます（図8.6）。

さらに言うと、流通業者と価格競争になっても利幅の分だけ優位に立てると

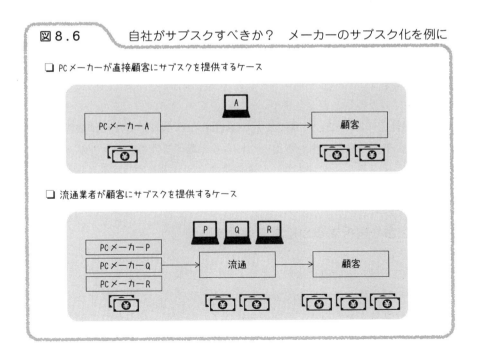

図8.6　自社がサブスクすべきか？　メーカーのサブスク化を例に

考えられます。また消費者と直接つながることができるため，情報の収集も発信も消費者に直接アプローチすることが可能になります。メーカーが消費者に直接つながってサブスクを提供することはメーカーにとってはよいことばかりのように見えます。

（2） メーカーがサブスクに参入することの競争上の懸念

　流通業者が同様のサブスクの提供を開始すると，先ほどのメーカーは競合することになりますが，消費者に対する販売能力でメーカーが流通業者に勝てるのでしょうか。メーカーは流通機能を既存の代理店に委ねているはずですが，メーカーが消費者に直接つながるサブスクをしてしまうと，既存の代理店と競合することになります。代理店から離反されてもメーカーはビジネスを維持できるのでしょうか。

　メーカーと違って，流通業者は複数のメーカーのPCや周辺機器を取り扱うことが可能です。たとえば，レンティオ社やGOOPASS社など複数のメーカーのPCや周辺機器を月額課金のサブスクで提供している流通業者は数多く存在します。流通業者は自社のサブスクで取り扱うPCと周辺機器のメーカーを選ぶことができます。つまりサブスク化によって競合となってしまったメーカーを仕入先にしないことができます。

　また消費者にとっても，流通業者が提供するサブスクを使えば複数のメーカーのPCや周辺機器の中から使いたいものを選べる等のメリットがあります。

　きちんと策を練らずにメーカーが流通業者と競合するのはリスキーかもしれません。

（3） 競合を選択するか協業を選択するか

　どちらが正解かは一概には言えませんが，選択肢の1つとして，メーカーは流通業者と競合するのではなく協業してもよいのです。たとえばメーカーは自社で自らサブスクをしなくても流通の代理店には製品を売り切りで卸して，その代理店が消費者にサブスクを提供し続ければ間接的にサブスクしているよう

なものです。またメーカーが直接に消費者とつながれないとしても，代理店との間に継続的な関係性を担保することができれば代理店との関係をサブスクとみなすこともできます。

自社ビジネスのサブスク化を検討する際は，サブスク化によって誰と競合してしまうのか，競合ではなく協業はできないかなど視野を広くして考えたうえで，サブスク化するかどうか有利な選択をしましょう。

●第8章のまとめ
① サブスクには第1章で紹介した以外にもたくさんの勘違いがあるので事業開発をする前に勘違いや注意点を知っておこう
② 先行者優位か否かブルーオーシャンか否かもしくはマス向けかパーソナライズかといった対立軸の中で，どちらがサブスクに合っているとは一概には言えない
③ B2BもB2Cもサブスクができる。無形物だけでなく有形物もサブスクにできる
④ 定額課金には定額課金の難しさがある。また課金形態によって発生する顧客間の不公平は課金設計によって緩和できる
⑤ 必ずしも自社ビジネスをサブスク化することが正しいとは言えない。「○○じゃないとダメ」と思考停止せずによく考えよう

トレーニング　　　　　　　　　　　　　　　　解答・解説はコチラから

Q8-1 サブスクの事業開発に関する以下①～⑦の説明について，正しいものには○を，誤っているものには×をつけなさい。
① 顧客の属性やサービスの利用タイミングに応じて課金形態を変えると，哀れな子羊と呼ばれる顧客を減らすことができる可能性が高まる。
② サブスクの課金体系を従量課金に近づけていくほどハゲタカと哀れな子羊との差が開いていくため，哀れな子羊を幸せな子羊に変えていく努力が必要になる。
③ サブスクはCAC（顧客獲得費用）を初期に大量に投入し，赤字であっても

シェア拡大を狙うべきである。その意味で，同種のビジネスを営むのであれば，先に始めてシェアを確保することが成功には欠かせない条件となる。

④ メーカーが直接に最終消費者を対象としたサブスクビジネスに参入すると，流通業界へ支払うマージンが減るので利益率は向上するように思えるが，代理店との軋轢が生じて長期的には失敗に終わる可能性がある。

⑤ サブスクをパーソナライズしていくほど課金形態が複雑になるため，アップセルやクロスセルといったエクスパンションは難しくなる。

⑥ サブスクは顧客との関係を担保することが重要であるが，いったん関係を構築できたら，収益性の高い既存顧客から得られるキャッシュを新規顧客獲得のために集中的に再投資すべきである。

⑦ サブスクは個人向けかつ無形財の提供という形態がわかりやすいが，実際には高価な有形財のサブスクも存在するし，対企業のサブスクも数多く存在する。

Q8-2 身近な例を用いて，哀れな子羊を幸せな子羊に変えた事例を説明しなさい。

第 **9** 章

利益につながるサブスクの事業開発

　前章では事業開発をするうえでのサブスクに関する勘違いについて取り上げました。事業開発の失敗を減らすためにも事前に知っておいて損はないでしょう。本章では勘違いというよりは取り組んでみるまで気づかないいくつかの注意点を取り上げ，最後にどのような条件のときであればサブスクの事業開発を進めてもよさそうか，その判断基準について整理してみます。

　本章も前章から引き続き，事業開発と呼称していますが，既存の自社ビジネスをサブスク化したり，他社の売り切りビジネスをサブスク化して自社の新規事業として実施したりすることも事業開発に含みます。

１．サブスク化において気づきにくい注意点

　売り切りビジネスの考え方のままでビジネスをサブスク化するとか，新規にサブスクのビジネスを立ち上げると事前には気づきにくい注意点を**図9.1**でまとめました。以下では個別の注意点を見ていきます。

（1）　資金繰りの悪化

　サブスクは売り切りビジネスに比べて資金繰りが悪化することがあります。ですから事業開発に取り組む際に，資金繰りの検討を忘れてはいけません。多くの場合，売り切りビジネスは商品やサービスの販売と同時に多額の資金を回収できますがサブスクは長期間で少しずつ回収していきます。とくに，既存の売り切りビジネスをサブスク化する形での事業開発は資金回収をわざと遅らせるようなものです。資金力のない会社だと現金不足で倒産する懸念もありますので注意してください。

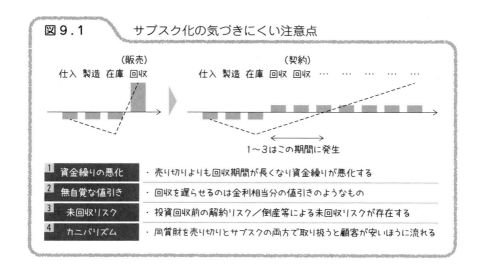

（2） 金利相当分の無自覚値引き

　既存ビジネスのサブスク化は無自覚な値引きをもたらします。
　たとえば，売り切りビジネスの時は24カ月に1回のペースで新サービスをリリースしていたとします。そのときの売り切り価格が24万円だとします。これをサブスク化と同時に月額1万円としてしまうと単純に現金の回収を24分割しただけになってしまい，回収完了までの期間が延びてしまいます。この回収が遅れた期間は顧客にお金を無利子で貸し付けているようなものです。
　一方で，自社は資金調達によって金利を負担しています。金利を支払って調達したお金を無利子で貸し出しているのですから損をしているのです。この金利分の損失を考慮して課金額を設定する必要があります。サブスクの事業開発をする際に注意しましょう。

（3） 売上代金の未回収リスク

　サブスクには未回収のリスクがあります。売り切りビジネスにも売掛金の未

第9章　利益につながるサブスクの事業開発　　143

回収リスクはありますが，もともとは一括で早期に回収できたものをサブスク化によって回収期間を長期化させてしまうので売り切りビジネスに比べて未回収リスクが増します。先の例の24万円の売り切りビジネスが仮に販売と同時に現金を一括で回収できていたとしたら，サブスク化に伴ってこれを24カ月間かけて回収する形に変更するので回収期間が延びます。回収完了までの期間が延びると次のようなリスクが考えられます。

・契約で期間の縛りを設けていないため，途中で解約されて回収不能になる
・契約で期間の縛りを設けているのに踏み倒される
・法人顧客が倒産して，契約期間中であっても継続ができなくなる
・耐久財のサブスクの場合に，モノを返却してもらえない

とくに耐久財のサブスクを展開している場合は代金だけでなくモノを返却してもらう必要があるので回収を完了させる難易度が上がります。たとえば，花や野菜，サプリメント食品といった消耗品のサブスクを展開している場合は顧客がお金を支払わなくなったら契約を止めてしまい，それ以降は商品を届けないようにすれば，損失を小さく抑えられます。しかし，家具や家電，カメラやパソコンといった耐久財のサブスクは顧客が支払わなくなった際に契約を止めたとしても，耐久財は高額なモノも多いので返ってこないことにはまるごと損失になってしまいます。サブスクの事業開発をする際は，売上代金もモノも回収できないリスクを意識しておき，どうすれば回収できるかを考慮に入れましょう。

（4）　自社サービスのカニバリゼーション（共食い）

カニバリゼーションは自社の複数の商品やサービス同士が同一市場で競合することによって，お互いに顧客を奪い合うことをいいます。これによって収益と利益が少なくなることがあります。

①顧客は有利なほうに流れる

先の例の24カ月ごとに新サービスがリリースされる売り切りビジネスの24万

円のサービスをサブスク化する際に，課金額を月額8,000円に設定したとしましょう。24カ月ごとに新しいサービスを毎回購入していた顧客からすると，月額8,000円だと24カ月利用継続した場合に19万2,000円となりますので24万円より明らかに有利です。この場合，顧客は売り切りの24万円からサブスクの月額8,000円にどんどん乗り換えていくことになります。事業者からすれば24万円と19万2,000円の差額の4万8,000円の収益と利益の減少となります。

　もともと売り切りビジネスで取り扱っている商品やサービスを売り切りとサブスクの両方で同時期に提供してしまうと，顧客は経済合理性を計算し有利なほうに流れてしまいます。とくに料金体系がシンプルであればあるほど顧客は簡単に経済合理性を計算できてしまいますので注意しましょう。

②既存の流通網への配慮

　第8章でも言及しましたが，既存の自社ビジネスが流通を介して顧客に販売する売り切りビジネスですでに流通網が確立しているとします。自社の流通網の一員である代理店が自社ビジネスに収益をもたらしているとしたら，その流通網と競合すると代理店の離反による収益減のリスクを招きます。それにもかかわらず，同一の商品やサービスで新規に事業開発をして流通を介さず顧客と直接つながるサブスクも展開してしまうと，既存の代理店と顧客を奪い合うことになります。代理店からすれば突然顧客を奪われ始めるので，敵対されたと感じても仕方のないことです。サブスクの事業開発をする際は流通網との競合にも注意しましょう。

（5）　管理業務負担の増加に注意

　第2章でも説明したとおり，サブスクは売り切りビジネスに比べて請求，回収，契約等の管理業務負担が大きいビジネスです。昨今ではIT/DXの発達によりサブスクの管理業務の負担を減らすツールが普及してきましたが，導入にはそれなりの費用負担があります。

　費用負担があるため，サブスクを開始して事業規模の小さなうちは人手をかけて手作業で乗り切ろうとしてしまいがちです。しかし，規模が拡大すると

あっという間に人手では無理が出てきます。また，規模が大きくなってからツールを導入するとデータの整理や移管にも苦労することになります。多くの場合，ビジネスが大きくなることを期待して事業開発をするのですから，事業開発を成功させる気であればツールは早期に導入すべきでしょう。しかし，ビジネスの規模が小さいうちはツールの導入や利用にともなう費用負担が重くのしかかりますし，新規に起こしたビジネスがうまくいくとは限らないとすると導入時期の判断は難しいところです。

　ほかにも，サブスクを開始するにあたり費用負担を軽くしたいといった理由で管理業務用のツールを自社開発するという選択を取ることがあります。しかし，自社開発する際は慎重に検討したほうがよいでしょう。サブスクの管理業務は要件が複雑化しがちで定義が難しかったり，拡張したくても当初の見積りが甘くて拡張性がなかったり等で，結局大きなコストを要してしまうことになって後々に後悔することになってしまいます。

　ビジネスをサブスク化する際は，管理業務の負担が売り切りビジネスに比べて大きいことに注意しましょう。

2．自社ビジネスのサブスク化を進めるための条件

　第8章から第9章のここまではサブスクの事業開発における勘違いや盲点を注意点として言及してきました。ここからはどのような条件のときにサブスク化を進めて問題ないかについて，価格設定，費用構造，サブスク特有の理由の3つの観点から説明します。

（1）　価格設定からみたサブスク化推進の条件

①実質値下げを上回る顧客数を獲得できる
　サブスク化に際して実質的な値下げを行っても，顧客の数が大きく増えるのであればサブスク化してもよいでしょう。値下げによる収益減が生じてもそれを上回る顧客数増による収益増があればトータルでは収益増となるからです。先述した「金利の無自覚値引き」や「カニバリゼーション」による収益減より

も顧客数増による収益増のほうが大きくなることもあり得ます。

　ただし，顧客数の増加は管理業務の費用増をもたらします。収益増がサブスク化による管理業務費用などの増加を上回らない場合には，収益増になっても利益減となります。とくに有形物のサブスクの場合は保管，輸送，破損や廃棄といった物流関連の費用も管理業務の費用とともに増えてしまう懸念があるので要注意です。

②実質値上げでも顧客が減らないか顧客減の影響を上回る効果期待ができる

　実質値上げの価格設定を行う場合，経済学でいうところの「**価格の需要弾力性**」に配慮しましょう。サブスク化による価格設定が実質値上げであっても顧客数が減らないか，顧客数の減少による収益減よりも実質値上げによる収益増が上回るのであればサブスク化してもよいでしょう。

　実質的な値上げの例として第3章でAdobe社に言及しました。ほかの例として高級バッグのサブスクがあります。若者が高級バッグを所有するために自分で買うことは難しいですが，一定期間を利用する目的でのサブスクであれば，買うよりも安い金額で高級バッグを身に着けることが可能になります。

　高級バッグのサブスクのように，一括売買だと大きな金額になる商品やサービスを小さく分割することで，今までは利用することができなかった資金力のない顧客も利用できるようになります。実質値上げのやりようによっては顧客数が増えることも期待できます。

③アップセルやクロスセルによって顧客単価を上げられる

　商品やサービスの値上げ以外の方法として，**アップセル**や他の商材・サービスの**クロスセル**などで顧客当たりの課金額を上げていくことができるのであれば，サブスク化してもよいでしょう。サブスク化すれば顧客との間に継続的な関係性ができるのでタッチポイントが増えます。増えたタッチポイントを利用してさまざまなリコメンドやキャンペーンの案内を送るなどして，顧客に課金してもらえる商品やサービスの数を増やすことができます。

　たとえば，楽天市場を使っている消費者がいつの間にかモバイルも証券も銀行もとさまざまな商品やサービスを楽天に頼ることになれば，楽天から見れば

その顧客当たりの課金額が増えて収益が増えることになります。

（2） 費用構造からみたサブスク化推進の条件

①粗利率・限界利益率が高い

　変動費が小さく供給費用が安いということは粗利や限界利益率が高いということになります。粗利率や限界利益率が高いほど、以下の②から④で説明する条件を満たすため有利です。投下した費用や投資の回収が短期間になりますし、利益ベースのLTVも大きくなります。

②短期間で回収できれば未回収リスクが小さい

　投下したお金や費用を短期間で回収できれば、金利分の金額を節約できると同時に未回収リスクも減るので、貸倒れなどによる損失額も相対的に低下します。サブスクは継続的な関係性の中で長期間かけて顧客獲得費用であるCACを回収することが想定されているのですが、そうはいっても回収期間が短いほど有利なのは間違いありません。これはCACだけでなく商品やサービスにかけた研究開発費や設備投資も同様です。粗利率や限界利益率の高いほうが回収期間を短くできます。

③継続期間が少し延びるだけでも効率よく利益ベースのLTVが大きくなる

　粗利率や限界利益率が高ければ、継続期間がわずかに延びるだけでも利益ベースのLTVが大きくなります。それは「LTV＝平均単価×平均継続期間」の計算式からも明らかです。獲得済みの顧客の継続期間が延びれば、CACに対するLTVの割合が大きくなるためユニットエコノミクスが大きくなります。また、契約更新や解約防止といった継続期間を延ばすために投じる費用であるCECやCRCの投下に対しても効率よく利益が得られるようになります。別の言い方をすれば、粗利率や限界利益率が高ければ継続期間が少し延びるだけでもS&Mの費用対効果が高くなるので有利です。

④変動費が小さいなど追加の供給費用が安い

　ライセンス，ソフトウェア，著作物などはひとたび制作してしまえば低コストで大量にコピーすることが可能なため変動費が小さくなりがちです。新規に大量に顧客を獲得しても費用の急激な上昇は起こりにくいのです。ソフトウェアやコンテンツのサブスクが多いのも頷けます。

⑤粗利率・限界利益率の高いサブスクの事例

　筆者の知人に工作機械のサブスクを展開している会社の方がいます。設定している月額課金額に対して発生する原価が低くて粗利率が高いため，3カ月で損益分岐するとおっしゃっていました。

　わずか3カ月で損益分岐するので，それ以降は1カ月だけでも継続期間が延びるごとに月額課金がほぼそのまま利益として残ります。短期間で回収できるため未回収リスクが低く，利益ベースのLTVが大きくなりやすい状態といえます。また，耐久財のサブスクは顧客にモノを持ち逃げされるおそれがありますが，工作機械であればカメラやパソコンと違って持ち運ぶことが難しいので，未回収になるリスクも低いと考えられます。

　なぜそのような高利益率のサブスクが可能なのかというと，顧客となるユーザー企業は工作機械を持ってさえいれば製造の業務をいつでも受注できるようになるのですが，その仕事はいつまで受注し続けられるかがわからない状態なのだということです。

　そこでユーザー企業は工作機械を必要なときにだけ，サブスクで利用するのです。事業者側から見れば大きな金額を小さく分割しつつも，全期間で見れば実質値上げしているので高級バッグのサブスクと同じ考え方です。

　また，ユーザー企業は必要なときだけ工作機械を使うことで新規受注を得て追加の利益を得ることができます。もし工作機械のサブスクが存在しなければその利益は生まれていません。その意味ではユーザー企業はカスタマーサクセスしています。このような特徴があるから，変動費と比較して価格が割高であってもユーザー企業はこのサブスクを利用し続けるのでしょう。カスタマーサクセスは第10章から第12章で取り上げます。

（3）　サブスク特有の理由

　サブスク特有の理由があれば，ビジネスをサブスク化することで有利になる
かもしれません。

①サブスク導入によって顧客との関係を長期化できるサービスである

　顧客との関係が長期化する理由があればサブスク化したほうがよいでしょう。
たとえば，会計ソフトやセールスオートメーションなど業務用のソフトウェア
は一度使い始めると長く使われ続けます。さらに言えば，これらのソフトウェ
アは追加課金してカスタマイズしている場合や，操作や使い方に慣れているほ
ど他社に乗り換えるのが難しくなるので関係性が長期化します。

　以前は携帯電話の料金プランの中に2年縛りや契約期間が長くなるほど課金
額が安くなる長期割引がありました。契約と課金の工夫によって関係性を一定
期間よりも短くさせないようにしたり，長期化させたりしています。

②必需品の独占市場など半強制的に顧客との関係性が担保されている

　必需品の独占市場や半強制的に関係が担保されている場合にはサブスク化し
てもよいでしょう。第3章でAdobe社の事例に言及しましたが，実質値上げ
のサブスク化に成功できたのは扱っているソフトウェアと同等の品がほかにな
かったり，ユーザーが同社のソフトウェアを使い慣れていたり，習熟するまで
に長時間を費やしたりしていて，他社に乗り換えにくかったという理由も大き
いようです。また，第1章の1．（4）「広義に捉えたサブスクの例」で紹介し
た離島に1軒だけの万屋さんも同じ理由です。顧客には選択肢がなくて他の商
品やサービスに乗り換えられないのです。

③提供価値がサブスクと相性がよい

　提供している商品やサービスの価値がサブスクのほうが適している場合があ
ります。下記の例が当てはまります。

■利用状況を可視化するとサービスの価値が向上する

第8章で言及した電力の監視やビニールハウスの環境監視などは常時監視の必要があるため，顧客と事業者が関係性を継続することに意味があります。

またテレマティクス保険のように利用状況によってサービス内容や課金額が変動するサービスも，関係性を継続しているからこそ成立します。

■常にアップデートを行う必要がある

常に最新版に更新される必要があるサービスもサブスクに向いています。パソコンのウイルス対策ソフトなどが該当します。オンラインゲームやソーシャルゲームも，アップデートし続けることで顧客を飽きさせない努力をしています。

■利用期間が長くなるほどスイッチングコストが高くなる

データ保存のためのストレージサービス，ブログ開設サービス，メールサービス，チャットサービスなどが該当します。これらのサービスは，利用期間が長くなるほどデータが蓄積されるなどで利用量も増えていき，ほかのサービスへの乗り換えが困難になります。

ちなみに，このようなサービスはフリーミアムを採用しているケースが多い印象があります。利用期間が長くなったり利用量が増えて乗り換え困難になったタイミングで有償化プランやアップセルを提案したり，値上げしたりします。

■ユーザーによるカスタマイズの自由度が高い

カスタマイズのために課金をするほど，もしくは労力をかけるほど顧客は乗り換えが難しくなりますので関係性を長期化しやすいといえます。さらに言えば，カスタマイズが無料であっても労力を要するサービスであれば乗り換えたときに同じだけの労力を要することが予想できるので，顧客は乗り換えにくくなります。

第9章　利益につながるサブスクの事業開発　　151

　以上が，ビジネスをサブスク化することが肯定されるポイントです。**図9.2**にまとめておきます。

図9.2	サブスク化が肯定されるケース

価格設定	・実質的な値下げの影響を上回る数の顧客を獲得可能
	・顧客が減らない程度に実質的な値上げが可能
	・タッチポイントを利用した付加価値追加で顧客単価増が可能
費用構造	・粗利率・限界利益率が高い
サブスク特有の理由	・顧客との関係を長期化させることが可能な理由が存在する
	・半強制的な関係が担保されている（必需品の独占市場等）
	・提供価値がサブスクと相性が良い

●第9章のまとめ
① サブスクの事業開発においては「資金繰りの悪化」，「無自覚な値引き」，「未回収リスク」，「カニバリゼーション」，「管理業務負担の増加」といった点に気づきにくいので注意
② 耐久財を提供するサービスを展開していて，代金だけでなくモノも回収する必要があると難易度が高くなる
③ サブスク化による管理業務負担を軽減するための管理業務用のツールの導入時期は判断が難しい。自社開発しようにも難易度が高いため慎重に検討すべき
④ ビジネスをサブスク化することが肯定される価格設定，費用構造，サブスク特有の理由を知っておこう
⑤ サブスク特有の理由としては「顧客との関係と長期化できる理由がある」，「必需品の独占市場など半強制的に顧客との関係性が担保されている」，「提供価値がサブスクと相性がよい」が挙げられる

> トレーニング　　　　　　　　　　　　解答・解説はコチラから

Q9-1 自社サービスのサブスク化を推進するにあたって，以下①〜③の状況である場合，サブスク化を進めて問題ない場合には○を，解決すべき問題点がある場合には×をつけなさい。

① 経理部向けのソフトウェアの販売を，売り切りからサブスクに変更する。会計制度は頻繁に変更されるので，サブスク化によって情報を常に最新にアップデートできる。ソフトウェアなので多額の開発費を要したが，顧客の増加に伴い発生する追加費用は小さい。また，サブスク化に伴い提供する自社のクラウドにデータが蓄積されていくので，契約期間が長くなると他社への乗り換えは難しくなる。

② 4年に一度，大きなバージョンアップがされる自社のソフトウェアの販売を，売り切りからサブスクに変更する。従来の販売価格は96,000円であり，サブスクの課金額は月額1,800円（定額課金）の予定である。この変更によって顧客数は現在よりも若干増加することが見込まれる。また，一部の顧客は，より機能の高いプレミアムプランに移行すると期待できる。

③ 3年に一度，大きなバージョンアップがされる小型の工作機械の販売を，売り切りからサブスクに変更する。従来の販売価格は540,000円であり，サブスクの課金額は月額16,000円（定額課金）の予定である。1年間の契約期間の縛りを設けている。また，サブスク化に伴い業務が煩雑になるため，業務管理システムの導入（月額10,000円のサブスク）を予定している。

Q9-2 サブスク化によって自社の既存サービスとの間にカニバリゼーションが起きないようにするためには，企業はどのような工夫を行う必要がありますか。

第**10**章

カスタマーサクセスの理屈と
経営指標に与える影響

「カスタマーサクセス」という言葉は「サブスク」に比べてまだ一般には広く普及していないと思われます。言葉は聞いたことがあるという人でも，カスタマーサポートやクレーム対応，アフターサービスなどと似たようなものだと思っているかもしれません。カスタマーサクセスは「顧客との継続的な関係性を担保」するうえで重要な役割を果たしています。

1．カスタマーサクセスとは顧客に成功を
　　もたらすこと

（1）　カスタマーサクセスの定義に共通見解はない

サブスクの定義がなかったように，カスタマーサクセスの定義も公式なものは存在しません。また，どこからどこまでがカスタマーサクセスの範囲なのか，何をすればカスタマーサクセスなのか，といったことも識者によって見解が異なります。しかし，これだけは共通見解だろうと言えることはあります。それは「顧客に成功をもたらすこと」や「顧客が成功することで自社のビジネスも成功する」といった考え方です。

（2）　顧客に成功をもたらしたい理由

カスタマーサクセスは商品やサービスの利用を通じて顧客に成功してもらうための取組みです。顧客満足度やロイヤリティの向上にとどまりません。顧客

154　第Ⅲ部　サブスクの事業開発と持続的な成長

を成功に導くために問合せ窓口を設置したり研修やセミナーを組んでユーザー教育をしたりとさまざまな活動がカスタマーサクセスの一環として行われています。

　サブスクのビジネスにおけるカスタマーサクセスとは，解約率を低下させることで長期的関係性を構築し，長期的関係性の中で何度も発生するタッチポイントを活用して顧客のニーズや課題を捉えた新たな価値提案を行うことで顧客をより大きな成功に導き，結果として，顧客への課金額を上げていく試みでもあります。さらにいうと，顧客との関係性を良くすることで口コミなどによる良い評判の流布や紹介（リファラル）による"新規顧客の獲得を狙う"意図を含むこともあります。

２．ホールドアップとカスタマーサクセスの理屈

　サブスクは「顧客との継続的な関係性を担保」するビジネスであり，第２章においてサブスクは「LTVを最大化するためにスイッチングコストを高めて，顧客をロックインして，ホールドアップ（もしくはカスタマーサクセス）させるビジネス」であり顧客を囲い込むビジネスだと言及しました。ではホールドアップとカスタマーサクセスにはどのような違いがあるのでしょうか。

（１）　ホールドアップされている買い手の考え方

　図10.1の「買い手の考え方①」をみてください。顧客である買い手はスイッチングコストが高く，ロックインされているため，ホールドアップしています。ホールドアップしていると商品やサービスの値上げや品質の低下が起きたとしても，その事業者との関係を継続してしまいます。

　ただし，ホールドアップしているときに競合が出現するなどしてスイッチングコストが下がるか，スイッチングコストの負担を上回る便益を提供されると，ホールドアップ状態から解放されるため，顧客は競合に乗り換えることができるようになります。

第10章　カスタマーサクセスの理屈と経営指標に与える影響　　155

図10.1	ホールドアップとカスタマーサクセス

買い手の考え方①	買い手の考え方②
スイッチングコストが高くて	スイッチングコストを高めてもいいと思える だけの財・サービスに投資していて
ロックインされていると	それはロックインされてしまうほど 使い続けたくなる財・サービスであり
ホールドアップしてしまう	もはやホールドアップしているけど， 投資に見合った便益を得ている
⬇	⬇
値上げされようが，品質が下がろうが 何をされても 関係性を継続してしまう	値上げされようが，品質が下がろうが 何をされても 便益を得ている限り関係性を継続してしまう
⬇ しかしこれだと…	⬇ この場合は…
ホールドアップから解放してくれる競合が 現れれば喜んで乗り換える	買い手（カスタマー）は成功（サクセス） しているので競合が現れても乗り換えにくい！

（2）　カスタマーサクセスに成功している買い手の考え方

　図10.1の「買い手の考え方②」をみてください。顧客である買い手はスイッチングコストが高くなることを自覚してその商品やサービスに投資しています。ロックインされてもいいと思えるような商品やサービスだからです。もはやホールドアップしているのですが，課金額に見合った便益をこの顧客は得ています。この場合は，顧客は便益という成功を得ているのでホールドアップというよりはカスタマーサクセスしています。

　このような状態であれば顧客は関係を継続したいと思うようになります。そして競合が現れたとしても乗り換えにくくなります。

　たとえばＢ２Ｂで，そのサービスを使っているから儲かっているとか，その商品を仕入れているから儲かっているという状況にある場合，値上げがあったとしても，より儲かる商品やサービスが見つかったとしても，現状変更に対するリスクを考慮すると乗り換えを避けてしまいます。

3．ホールドアップとカスタマーサクセスの理屈を掘り下げる

（1） 顧客が他社のサービスに乗り換えにくい状況

　顧客がどのようなときに乗り換えにくくなるのか下記のケースを読んで，具体的に考えてみましょう。

【ケース1】
　私はこの「アプリ」を使い始めてから多額の課金をしたり多くの労力をかけたりして自身に最適化するようにカスタマイズをしてきました。もし，ほかの「アプリ」に乗り換えようとした場合はカスタマイズのために同程度の課金や労力が必要です（スイッチングコスト）。ですが，乗り換えに課金や労力を負担できないので今使っている「アプリ」を使い続けています（ロックイン）。「アプリ」に車でもスマホでも何でもいいので言葉を入れ替えて考えてみましょう。

　たとえば，ソーシャルゲームなどのアプリにAとBがあるとして，あなたはAに多額の課金をしてカスタマイズをして利用していたとします。AからBに乗り換えたいと思っても，BでAと同じぐらい楽しむためにはAに課金したのと同じくらいの課金を新たにしなければならないとしたら乗り換えに躊躇するでしょう。

　このように乗り換えに際し「顧客側に」発生する費用がスイッチングコストと呼ばれます。顧客がスイッチングコストを負担できない場合，AからBに乗り換えることは困難です。結果としてAを使い続けることになります。これがロックインされた状況です。

　ここでいう「アプリ」を車やスマートフォンなど他のものに置き換えて考えてみると，同じような状況がありふれていることに気づきます。アプリのほかにもどのような例があるかを参考として以下に挙げておきます。

（回答例）

■多額の課金とたくさんの労力を投入してキャラクターが最強状態になったオンラインゲームやソーシャルゲーム
→これを捨てて別のゲームに乗り換えるのは過去に投入したお金と労力を捨てるようなものなので心理的にもスイッチングコストになります

■たくさん書き溜めたブログのサービス
→書き溜めたコンテンツを他に移せないと投下済みのコンテンツ制作の労力がスイッチングコストになります

■思い出の詰まった写真や動画のストレージサービス
→他へのデータ移行に労力や費用がかかったりすると乗り換える手間がスイッチングコストになります

■導入時の初期設定やカスタマイズに多額の課金をしたソフトウェア
→新しいソフトウェアを導入する際に改めて設定やカスタマイズに課金が必要だとスイッチングコストになります

■ポイントがたくさん貯まっている通販サービスのアプリ
→乗り換える際にポイントを捨てるとなるとスイッチングコストになります

■たくさんの時間をかけて学習して使いこなせるようになった動画編集やプログラミングなどの創作ツール
→使い慣れたツールから新しいツールに乗り換えるために新たに学習時間を要することはスイッチングコストになります

（2） 乗り換えにくい状況での値上げに抗えるか

　顧客は乗り換えにくい状況に置かれたときに事業者からの値上げに対抗でき

るのかを下記のケースを読んで，具体的に考えてみましょう。

【ケース2】
　ケース1に示した状況に置かれているときに，アプリの事業者が課金額を値
上げしました（もしくは課金額据え置きで品質を下げてきました）。下記のそ
れぞれのシーンであなたなら次の2択のうちどちらを選びますか？

（シーンA）
　スイッチングコストが低くロックインされていないとしたら？
　回答①　値上げに抗わず他社に乗り換えない
　回答②　スイッチングコストの負担が少ないので他社に乗り換える

　シーンAのようにスイッチングコストが低くてロックインされていないの
であれば，多くの人は値上げを機に乗り換えてしまうので回答②を選ぶでしょ
う。
　もし，値上げに抗わずに乗り換えないとしたら何か他に理由があるはずです。
それは心理的な要因や金銭以外の事情がスイッチングコストとしてのしかかっ
ているのかもしれません。

（シーンB）
　スイッチングコストが高くロックインされているとしたら？
　回答①　値上げに抗わず他社に乗り換えない
　回答②　少なくないスイッチングコストを負担してでも他社に乗り換える

　シーンBのようにスイッチングコストが高くなってロックインされてしま
うと多くの人は値上げされても乗り換えができませんので，回答①を選ぶしか
なくなります。まさにホールドアップです。
　もし，スイッチングコストを負担してでも乗り換えるとしたら，値上げによ
る負担増がスイッチングコストを上回るような状況ではないでしょうか。また
スイッチングコストは金銭以外のコストも負担としてのしかかります。シーン

Bで回答②を選ぶ人は金銭以外のコストの見積りが甘い可能性があります。

　またコストを見積もる期間によっても値上げによる負担増とスイッチングコストの比較結果は変わります。もし，スイッチングコストが今以上に大きくならない場合は将来の利用期間が長期になればなるほど値上げによる累積の損失が大きくなります。しかし，サブスクの事業者は利用期間が長期になればなるほどスイッチングコストが高くなるようにサービスを設計します。

　後述しますがホールドアップしていても，スイッチングコストを下げたりスイッチングコストの負担を上回る便益を提供したりするような競合が登場すれば，ホールドアップが解けて顧客は乗り換えやすくなります。

（3）　有利な提案があっても乗り換えが起こらないケース

【ケース3】

　業務用アプリを使用し始めてから業務効率が著しく改善し，会社は大幅な費用削減に成功しました。このアプリを使い続ける限り費用を抑えることができます。もはやこの会社はこの業務用アプリにロックインされているといえます。ところが最近になって，もっと大きな費用削減が可能な業務用アプリを他の競合企業から提案されました。あなたがこの会社の社長ならアプリを乗り換えますか？

　　回答A　スイッチングコストを超える費用削減が可能なので乗り換える
　　回答B　スイッチングコストを超える費用削減が不可能なので乗り換えない

　ケース3のアプリが業務用アプリだとして，現在利用している業務用アプリを使い続けることで，会社の業務効率が著しく改善され，大幅な費用削減に成功しているとしたら，このアプリの利用を継続している間は利用していないときよりも費用が削減されています。

　そして，このアプリを使い続ける限り費用を抑制し続けられるので，利用を止めるとせっかく下がった費用が上がってしまいます。現在のアプリを使うことで顧客が成功していますので，まさにカスタマーサクセスです。こうなると

顧客は簡単には利用を止められません。

　さて，費用削減でカスタマーサクセスが実現している状況で，もっと費用削減ができる競合アプリが出現したとします。スイッチングコストと比較しても乗り換えによる費用削減効果のほうが大きいことが明らかであれば，多くの社長が回答 A の乗り換える判断をするでしょう。

　しかし，現実にはそう簡単に乗り換えられないことがありますので次に説明を続けます。

（4）　他社サービスへの乗り換えに関する 4 つの選択肢

　ここまでの説明について，費用対効果と満足度の 2 つの観点で乗り換えできるかどうかの選択肢を整理すると下記の 4 つに分けられます。
　①費用対効果に不満だがより良い乗り換え先があっても乗り換えられない（ホールドアップが解消されない限り）
　②費用対効果に不満なのでより良い乗り換え先があれば乗り換える
　③費用対効果に満足だがより良い乗り換え先があれば乗り換える（カスタマーサクセスに一時的に成功）
　④費用対効果に満足なのでより良い乗り換え先があっても乗り換えない（カスタマーサクセスに成功）

　ケース 2 のように値上げが生じると顧客にとって費用対効果が悪化します。費用対効果が悪化することで不満を覚えて乗り換えに至るというのは②の状況です。①の状況では費用対効果が悪化して不満なのにもかかわらず乗り換えられないためホールドアップしています。

　ケース 3 のようにカスタマーサクセスしていると，費用対効果に満足しているはずです。ですが，顧客にとってより費用対効果の高い提案が他社からあれば乗り換えてしまうのが③の状況です。理解が難しいのは④の状況です。より費用対効果の高い提案が他社からあったとしても他に乗り換えられないのはどういうことでしょうか。次は④の状況を掘り下げます。

第10章　カスタマーサクセスの理屈と経営指標に与える影響　**161**

（5）　不確実だと乗り換えにくい

先のケース３の状況下ですでに今使っている業務用アプリで費用削減に成功しているとして，仮により大きな費用削減ができる業務用アプリが登場した場合，顧客はアプリを乗り換えるのでしょうか。おそらく「理屈の上では乗り換えるべきなのかもしれないが現実的には難しい」というのが妥当な回答になると考えます。その理由を考えてみましょう。

①顧客が乗り換え後の不確実さを受け入れられない

スイッチングコストを正確に見積もることや乗り換えた後の費用削減効果を正しく計算することは，実際のビジネスでは非常に困難です。もし，正確に見積もり正しく計算できたとしても，アプリの乗り換えとその後の運用を計算どおりに実行できるかという別の問題が残されており，本当に費用削減できるかは不確実です。

さらに言うと，今使っているアプリをカスタマイズしたり慣れるためのトレーニングをするなど，すでに投入してしまったサンクコストが心理的にのしかかることもあります。

ほかにも大きな問題があります。業務用アプリの場合，入れ替えによって業務に変更が加わることがあります。業務が変更されると，アプリの導入や運用に係る費用だけでなく，アプリのユーザーである従業員などが新しい業務を学習したり慣れたりする時間を追加で要します。

これらを総合的に勘案しても本当に費用削減できたのかは，わかるとしたら導入した後に結果的にわかりますし，業務変更の効果検証は意外と難しいこともあり最後までわからないこともあります。乗り換え後のことは，乗り換え前には不確実な部分が多いです。

以上を考慮すると，顧客がこれらの不確実さを受け入れられない限り，カスタマーサクセスしている状態のときにわざわざ乗り換えることは現実的には難しいでしょう。

②情報の非対称性により取引コストが発生する

　乗り換え先候補のアプリ会社の営業担当者は，自社の業務用アプリのほうがより大幅な費用削減ができるとの説明を尽くしてくるでしょう。しかし，その説明の信憑性に疑問が生じることもあります。

　情報の非対称性や**取引コスト**の問題も考慮しなければなりません。情報の非対称性とは買い手と売り手の間に情報の格差があることであり，今回の業務用アプリの例でいえば買い手は騙される可能性があるため，信頼できる情報を得るまで買いたくないと考えます。もし，買った後に騙されていたことがわかれば新たな売り手を探す必要があり，再び情報の非対称性の中で信頼できる売り手を探し交渉し履行監視するための取引コストがかかることになります（**図10.2**）。

　このような取引に関わる見えない費用の無駄を避けるためには新しい取引先と取引をするよりも，既存の信頼できる取引先と取引をしたほうが確実です。つまり，ひとたび満足できる取引相手が見つかり，カスタマーサクセスを実現している状況であれば，確実により大きな成功をもたらす取引相手が見つからない限り新規の取引先に乗り換えないという選択は合理的といえます。

Glossary：情報の非対称性

　情報の非対称性は，取引において売り手と買い手の間の情報の量や質に差がある状態を指す。買い手である顧客のほうがサービス提供者に比べ有している情報が少ない場合，顧客は適切な意思決定ができなくなる。情報の非対称性を解消する手段としてシグナリングやスクリーニング等があるものの，これらには取引費用を要する。

Glossary：取引コスト（トランザクションコスト）

　取引コストは，取引を実行するために発生する費用を指す。たとえば，新規の取引先と取引をしようとする際には，新しい取引先を探す費用，その取引先と交渉する費用，その取引先の履行を監視する費用などが発生する。

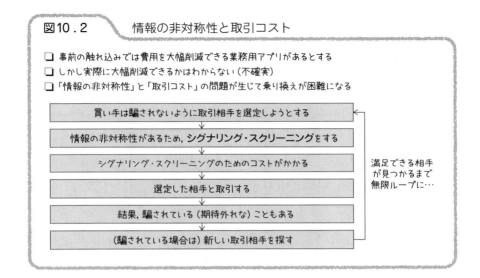

> Glossary：シグナリングとスクリーニング

シグナリングは，情報の非対称性が存在する状況で，"情報を持つ側が" 他者に信頼性や品質を示すための行動や手段を指す。**スクリーニング**は，情報の非対称性が存在する状況で，"情報を持たない側が" 必要な情報を収集し，適切な選択をするための手段やプロセスを指す。

(6) サンクコストを意識しすぎて乗り換えられない

　乗り換えを避ける行動原理の1つとして，**サンクコスト**という要素も関連してきます。サンクコストとは，投下した資金や労力のうち，事業や行為の撤退や縮小をしても戻ってこない資金や労力のことを指します。サンクコストは意思決定の際には考慮すべきではないのですが，これを強く意識してしまう状況を超音速旅客機の開発の例を用いて**コンコルド効果**とよびます。コンコルド効果は儲からないにもかかわらず，投資した資金を取り戻すために継続的に投資し続け，結果的に大損をするという状況を指します。

164 第Ⅲ部 サブスクの事業開発と持続的な成長

> **Glossary：サンクコスト（埋没費用）／コンコルド効果**
>
> 　**サンクコスト**は，事業等に投下した資金や労力のうち，どのような意思決定
> をしても回収できない費用を指す。**コンコルド効果**は，回収できないにもかか
> わらずサンクコストに引きずられてリソースを投入し続けてしまう非合理な行
> 動を指す。巨額投資を続けたものの失敗に終わった旅客機「コンコルド」に由来。

　コンコルド効果により，明らかにダメなサービスであっても課金を開始して
しまい，元を取ろうとするという行動が起こることがあります。合理的に動け
ればこのような状況は起こらないかもしれませんが，実際にはこのような行動
が起きてしまうことがあります。

　元を取ろうとして契約を継続し，結局は元を取れないという結果になること
もあります。心理的な要因も影響しており，自分が騙されたとか，愚かだった
と思いたくないという気持ちが働くこともあります。

　これらの消極的な要因によって契約を継続し続けることもあります。たとえ
ば，もう使い続けても効果が見込めない月額課金アプリを使い続ける場合など
です。

（7）　カスタマーサクセスが乗り換えを防ぐ

①顧客が関係性を継続しようとする理由

　なぜ顧客は関係を継続しようとするのでしょうか（**図10.3**）。1つ目の理
由はホールドアップです。ですが，ホールドアップしている場合，競合他社が
現れ，スイッチングコストが下がるかスイッチングコストを上回る便益が提供
されると，顧客は競合他社に乗り換えることが可能となります。

　2つ目はカスタマーサクセスです。乗り換えによって今得ている利益を損な
う可能性があるため，顧客は現在の取引相手との関係を継続する選択をするこ
とに一定の合理性があります。

　3つ目はサンクコストです。サンクコストがスイッチングコストであるかの
ように機能し，心理的にも継続を止められない状況になっていることがありま

す。このとき，スイッチングコストが下がるかスイッチングコストを上回る便益が提供されると，顧客は競合他社に乗り換えることが可能となります。

図10.3 なぜ顧客は関係を継続し続けるのか？

継続の理由❶ ホールドアップしているから継続する

● スイッチングコストの負担を上回る便益を提供するなどホールドアップを解消できる競合の登場で乗り換える可能性

継続の理由❷ カスタマーサクセスしているから継続する

● 乗り換えはスイッチングコストを生じるばかりでなく，いま得ている利益や継続し続けたであれば得られたであろう利益を損なう可能性がある

継続の理由❸ コンコルド効果（サンクコスト効果）で継続する

● サンクコストが心理的なスイッチングコストとして機能しているので，スイッチングコストが下がれば競合に乗り換える可能性がある

ただでさえ新規契約は取引コストが高くつくのに，競合が「継続の理由❷」を超える成功を顧客に約束するのは容易ではない。
➡競合は❶❸に対してスイッチングコストを相対的に下げる戦略をとるのが現実的かもしれない。

---

②最初にカスタマーサクセスしたもの勝ちなのか？

　第8章で「先行者優位は勘違い」と述べましたが，先行者がカスタマーサクセスに成功しているときに後発者が競争に勝つのは困難です。そう考えると「先行者優位は勘違い」は言い過ぎかもしれません。

　しかし，実際には後発者が先行者を凌いでいることが多々あります。先行者がカスタマーサクセスできていないのか，それとも後発者が先行者のカスタマーサクセスを打ち破るほど優秀だったのか，一概には言えないですが，先行者は理屈の上では有利だけど，それだけで勝敗が決まらないといったところでしょう。

4．カスタマーサクセスがサブスク会計の 指標に与える威力

　ここまでの内容でカスタマーサクセスをしたほうがよいことはわかったと思います。では，実施すると具体的にどれくらいの威力があるのでしょうか。ここからはカスタマーサクセスがサブスク会計の指標に与える影響について取り上げます。

（1）　カスタマーサクセスが達成すべき事項

　カスタマーサクセスが達成すべき事項はおおむね次の3つです。カスタマーサクセスの業務は何かとの問いに対する答えにもなるでしょう。

①解約率の引下げ
　1つ目は解約率を下げることです。言い方を変えれば，継続率を高めるとも継続期間を延ばすとも言えます。

②エクスパンションの獲得
　2つ目はエクスパンションを獲得することです。エクスパンションは主にアップセルやクロスセルなどの追加課金によって顧客単価を高め収益を増やすことを言います。ただし，契約更新の獲得も含めてエクスパンションと呼ぶ人もいますので実務でこの言葉を使うときは注意しましょう。

③カスタマーサクセスの業務効率化
　3つ目はカスタマーサクセスに関する業務効率を向上させることです。解約率の低下やエクスパンションの獲得をより効率的に行えるようにすることです。

　これらの達成に向けて活動することでカスタマーサクセスは威力を発揮しま

す。とくに①の解約率の低下と②のエクスパンションの獲得がカスタマーサクセスの達成すべき事項であることは，カスタマーサクセスに関わる人達の中でほぼ共通見解ではないかと思います。

（2）　カスタマーサクセスの達成がサブスク会計の指標に及ぼす効果

①投資採算への影響

　第6章で投資採算について取り上げましたが，LTVの計算式からも解約率が下がるとLTVが大きくなりユニットエコノミクスの値が上昇するのは明らかです。またエクスパンションによって顧客単価が上がれば平均単価が上昇するためLTVが大きくなり，ユニットエコノミクスの値が上昇します。第1章で「関係が長期化するほど儲かる」とサブスクの特徴を説明しました。解約率が下がれば関係が長期化しますし，エクスパンションで顧客単価が上がれば毎回の収入が大きくなりますので儲かるということです。つまり，カスタマーサクセスに成功すると投資採算がよくなります。

②ネガティブチャーンへ及ぼす影響

　ネガティブチャーンは顧客数の減少による収益減を上回る収益増を，解約せずに残った顧客への課金額の増加によって達成することだと第7章で紹介しました。解約率の低下とエクスパンションの獲得はネガティブチャーンに貢献することは明らかです。ネガティブチャーンを達成するためにはカスタマーサクセスに取り組む必要があります。

③収益獲得効率へ及ぼす影響

　新規の顧客から100円の収益を稼ぐことと既存の顧客から100円の収益を稼ぐことを比較すると，後者のほうが少ない投資や費用で稼げると言われています。追加の収益増を狙うならば，新規顧客を獲得するよりもカスタマーサクセスに費用を投下するほうが収益獲得効率がよいということです。

168　第Ⅲ部　サブスクの事業開発と持続的な成長

（3）　カスタマーサクセスの経営的意義

　「1：5の法則」や「5：25の法則」という言葉があります。前者は既存顧客の5倍の費用が新規顧客にはかかるという意味で，後者は5％の客離れを防ぐと利益が25％改善するという意味で使われています。

　同じようにサブスクのビジネスにおいても，新規顧客の獲得よりもカスタマーサクセスのほうが少ない費用で効率的に収益を増やせると考えられています。CACよりもCRCやCECの費用を増やすことで解約率を下げエクスパンションを獲得しARRが効率的に増加するという考え方にもなります。またLTVの改善に寄与し，ネガティブチャーンの達成可能性を高めます。つまりカスタマーサクセスはサブスク会計のさまざまな指標の改善に寄与します。

　また，第11章で言及しますが，カスタマーサクセスを通じた口コミ効果や紹介によって新規顧客獲得につながる状況を作り出すこともできます。カスタマーサクセスは副次的に新規顧客獲得効率を高めるともいってよいでしょう。

　以上のようにカスタマーサクセスを行うことはサブスクビジネスの経営効率を高めることにつながっていくのです。

●第10章のまとめ
① 「サブスク」にも「サブスクの収益」にも公式な定義がないように「カスタマーサクセス」に公式な定義はない。ただし，公式な定義はなくともカスタマーサクセスが「顧客に成功をもたらすこと」や「顧客の成功が自社ビジネスの成功をもたらす」という考え方はおおむね共通見解と思っていいだろう
② 顧客がカスタマーサクセスではなくホールドアップしているならば，スイッチングコストを下げるかスイッチングコストの負担を上回る便益を提供するなどホールドアップを解消できる競合が出現すると顧客は競合に乗り換える
③ 顧客がすでにカスタマーサクセスしているならば，乗り換えたほうが経済合理性の高いように見えても，乗り換え後の不確実性が見通せな

い限り顧客は競合に乗り換えるという判断をすることが難しい
④ カスタマーサクセスが達成すべき業務上のミッションは，解約率を低下し，エクスパンションを獲得し，これらの業務効率を改善すること
⑤ カスタマーサクセスはサブスクの投資採算を改善し経営効率を高める

トレーニング

解答・解説はコチラから

Q10-1 カスタマーサクセスに関する以下①〜④の説明について，正しいものには○を，誤っているものには×をつけなさい。

① 顧客が他社のサービスに乗り換えるにあたり，これまで既存のサービスに対して支払ってきたコストや投入した時間を新サービスに対して再び投入することを躊躇してしまうことがある。乗り換えにあたり，顧客側に将来発生するこのコストのことをスクリーニング・コストという。

② 顧客のスイッチングコストを高めていけばサービスにロックインさせることができるので，顧客の便益が投資に見合うかにかかわらず，カスタマーサクセスの状態に導くことができる。

③ カスタマーサクセスに成功すると，チャーンレートが低下する。また，関係性を構築することでエクスパンション（アップセルやクロスセル）も獲得しやすくなるのでΣLTVが増加し，収益獲得の効率が向上する。

④ 顧客は常に経済合理的に行動する。したがって，カスタマーサクセスの状態を実現したとしても，より経済的に有利に思えるサービスを競合他社から提示されたらすぐに乗り換えられてしまう可能性が高い。

Q10-2 企業がカスタマーサクセスに成功すると，なぜネガティブチャーンの状態を導きやすくなるのか説明しなさい。

第**11**章

カスタマーサクセスの実践

　本章と次章ではカスタマーサクセスの実践における考え方の大枠を紹介します。本来であれば実践について細かく取り上げたいのですが，そうすると，それだけで1冊の本になってしまいます。ここ数年でカスタマーサクセスの具体的なノウハウなど実践について記述された書籍は増えてきました。それらの書籍を手に取るときに本章の内容を知っておくと，きっと理解が早まります。

1．カスタマーサクセスの実践者

　顧客との継続的な関係性を担保するためにはカスタマーサクセスが重要です。第1章でも紹介しましたが，三河屋のサブちゃん，離島に1軒だけの万屋さん，独占市場の商品やサービスなどは，どれも一見すると売り切りビジネスにみえますがサブスクとして捉えることができます。

　しかし，この3者には「顧客との継続的な関係性の担保」の仕方に違いがあります。離島に1軒だけの万屋さんと独占市場の商品やサービスは顧客が他を選択する余地がありません。必ずしもそうだとは限りませんが，多くの場合で乗り換えの選択肢がないためにホールドアップしている可能性が高いです。一方でアニメのサザエさんの磯野家は，三河屋のサブちゃんにお願いしなくてもお酒や調味料を購入することができます。乗り換えが可能なのにもかかわらずサブちゃんにお願いしています。サブちゃんでなければならない理由があって利用を継続しているのだとしたら，まさにカスタマーサクセスです。

　もう1つ重要な観点として，第1章で売り切りビジネスも工夫次第でサブスクとして扱うことができると説明しました。その工夫を通じて顧客に成功がもたらされて関係性が長期化するとしたら，その工夫をカスタマーサクセスと呼んでもよいかもしれません。カスタマーサクセスはサブスクのためだけのもの

ではなく，売り切りビジネスにとっても有意義な考え方なのです。

2．コンサンプションギャップの拡大と解消

　コンサンプションギャップとは，商品やサービスによって実現できることと，その商品やサービスを使って顧客が実現していることのギャップを言います。顧客が商品やサービスの性能を引き出せていない状態と言ってもいいかもしれません。本来，顧客は何らかの成功を得るために商品やサービスの利用を開始します。ですが，利用開始当初は知識や熟練といったことが足りなくてその商品やサービスで成功を得られるほどには使いこなせていないのです。

　たとえば，皆さんもアプリ，ゲーム，おもちゃなどを購入した際に使い方がわからず十分に楽しめなかった経験があるかもしれません。一方で遊び慣れてきて購入時の仕様のままでは物足りなさを感じるといったことを経験している人もいるのではないでしょうか。**図11.1**はそのような状態を表現しています。

　図11.1は縦軸に能力の高さ（その商品・サービスでできること），横軸にサブスクの利用開始からの経過時間をとっています。一番上の階段状に推移する線はその商品やサービスの能力の向上を表しています。階段状に能力が上がっ

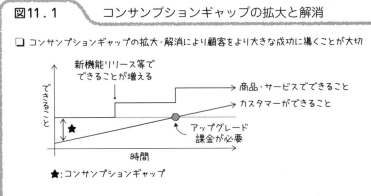

図11.1　コンサンプションギャップの拡大と解消

（出所）図表はヴァイドゥヤネイサンほか『カスタマーサクセス・プロフェッショナル』を参考に筆者作成

ていくのは時間の経過の中でその商品やサービスの新機能が追加されたり性能が上がったりするためです。

　一方でユーザーである顧客の能力は，トレーニングを受けたり商品やサービスを使ったりしながら経験を蓄積して慣れていき徐々に習熟していきます。図11.1では右肩上がりの直線になっています。

　時間の経過とともにユーザーが一定以上の習熟を得るとコンサンプションギャップが縮小して現行の商品やサービスでは物足りなくなったり飽きたりします。そうなるとユーザーに見放されてしまうので，そうならないように事業者は機能の追加や高性能化といったアップデートを行うことでコンサンプションギャップを広げます。そこからさらに時間の経過と学習によってユーザーに習熟してもらってコンサンプションギャップを小さくするということを繰り返していきます。

　ユーザーがコンサンプションギャップを小さくするには習熟のための時間が必要なので，ギャップを埋めれば埋めるほど，顧客が投じた時間やお金が心理的なスイッチングコストとなり，顧客自身をロックインすることになります。つまりサブスクの事業者から見れば解約されない可能性が高くなります。

　また習熟によってコンサンプションギャップが埋まってくると機能の追加や高性能化のためにお金を払ってでもアップデートしたいという顧客が現われますので，事業者は，エクスパンション（アップデートによる課金額の増加）を獲得する機会を得ることになります。このときエクスパンションによってアップデートがなされるとコンサンプションギャップが広がることになり，顧客はより大きな成功を得るために知識獲得や熟練に向けて動きます。

　このようにコンサンプションギャップを埋めたり広げたりする活動を通じて顧客をより大きな成功に導くことができれば，顧客と事業者はwin-winの関係になります。

３．カスタマーサクセスの成果を測る指標

（１）　さまざまな指標の存在

　第10章で言及したとおりカスタマーサクセスは解約率を下げることとエクスパンションを獲得することで達成されます。解約とエクスパンションを成果として測定するには，解約件数やエクスパンションの金額などを計測することが可能ですが，これらはさまざまな活動の結果として現れる指標です。

　今まさにどういった活動をすれば解約率低下やエクスパンションにつながるのか，その活動の量や質をどのように計測するのかといったこともカスタマーサクセスの実践においては考慮する必要があり，すでにさまざまな指標が開発されています。日々たくさんの指標が開発されておりすべてを網羅しているのではありませんが，参考として指標を一覧にしたのが**図11.2**です。

図11.2　　　　カスタマーサクセスの成果を測る指標

❏ カスタマーサクセスは「解約率を下げ」「エクスパンションを増やす」と単純だが
　関連する指標は多数存在する

[カスタマーサクセスの成果を測る代表的な指標]

・総契約更新金額・件数
・実際の契約更新金額・件数
・チャーン（解約率）
・活用スコアなど定着測定指標
・ヘルスチェックのスコア
・アップセル／クロスセル
・NPS

・CSAT（顧客満足度）
・収益増加率
・ダウンセル
・定着率
・カスタマーライフサイクルステージ別顧客数
・タイムトゥバリュー
　※カスタマーが利用開始から価値に気づくまでの時間

（２）　カスタマーサクセスの結果は遅れて現れる

　カスタマーサクセスを実践した結果は最終的には解約率やエクスパンション

した金額や件数などといった指標で出てくるわけですが，これらは活動の結果として現れるものです。多くの場合，活動をしてから結果が現れるまでには時間差があります。

たとえば，平均的に1年で解約されていたサービスに改善を加えたことによって，解約までの期間が2年に伸びたとします。この場合，改善の実施から改善の効果を観測するまでに少なくとも1年以上の時間が必要ですし，2年にまで伸びたことを測定するには2年以上かかることになります。しかし，改善の実施から効果の有無や効果の程度を確認するまでに長期間を要していては改善のPDCAサイクルが回せないのでビジネスが滞ります。

そこで，実務においては，成果指標が出るのを待たずに次の活動を起こせるように，活動が結果にもたらす影響を事前に測定できる先行指標が使われています。例を挙げると，ログイン回数，定着率，**NPS**などが先行指標として使われることがあります。NPSは第12章で詳しく説明します。

先行指標と**成果指標**との相関があれば，活動を起こしたことで**活動指標**が計測され，活動の結果として先行指標が計測され，最後に成果指標として成果が現れます（**図11．3**）。

ここで重要なことはビジネスの成果を測定したり管理したりする指標には成果指標，先行指標，活動指標があるということです。そして成果指標だけを追い求めてもビジネスのPDCAは回せません。これはサブスクのビジネスにお

図11．3　カスタマーサクセスの成果を測る指標

❑ 活動によって先行指標に兆候が表れ，結果が成果指標に表れる
❑ 行動と結果の因果・相関を継続的に確認することが重要

活動・活動指標	先行指標	成果指標・遅行指標
・ ユーザーとのやり取り	・ ヘルススコア	・ 解約率・継続率
・ 製品サービスの定期改善	・ 定着率	・ 契約更新金額
・ アクティビティログ	・ NPS	・ アップセル／クロスセル

❑ 測定できないものは管理できない
❑ さまざまな指標が開発されているが，指標に踊らされず適切に利用することが重要

いても同じです。

4．カスタマーサクセスのステージ

本書では何度もサブスクは「契約してからが勝負」と言及してきました。この考えをもとにサブスクビジネスのフェーズを大きく2つに分けるとしたら、図11.4のように顧客と契約するまでを販売活動とし、契約した後をカスタマーサクセスとして分けることができます。

そして、カスタマーサクセスを実践するには契約した後のフェーズを細分化したステージごとに何を行うべきかを知っておいたほうがよいのでここで紹介します。

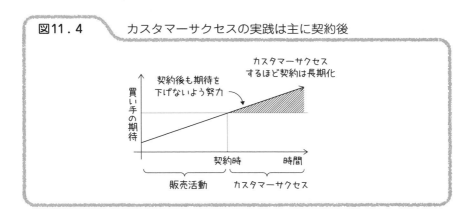

図11.4　カスタマーサクセスの実践は主に契約後

（1）　カスタマーサクセスのステージも公式の定義がない

カスタマーサクセスに定義がないと第10章でも述べましたが、定義がないために何をどこまで実践するべきか定まっていません。また呼称についても**カスタマーサクセスのステージ**ではなく**カスタマーライフサイクル**や**カスタマージャーニー**と呼ばれることもあります。識者によって説明が異なりますので実務においては注意が必要です。

カスタマーサクセスのステージとして3種類の例を図11.5に提示しています。例1と例2のように契約時や契約前の活動を含んでいるものもあれば例3のように契約後の活動だけにフォーカスしているものもあります。さらに例1のようにステージを3つに分けてさらにその中身を細分化しているものもあります。

3つの例に共通していることとして，少なくともカスタマーサクセスの始点は顧客との契約の前後を起点にし，ステージを細分化し，それぞれのステージで実践的な活動が行われているということです。

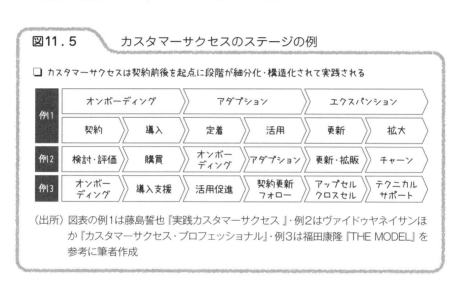

図11.5　カスタマーサクセスのステージの例

(出所) 図表の例1は藤島誓也『実践カスタマーサクセス』・例2はヴァイドゥヤネイサンほか『カスタマーサクセス・プロフェッショナル』・例3は福田康隆『THE MODEL』を参考に筆者作成

(2) カスタマーサクセスのステージに関連する重要用語

識者によって説明が異なると述べましたが，筆者の経験上，図11.5の例1のようにカスタマーサクセスのステージは**オンボーディング**，**アダプション**，**エクスパンション**の3つに分けて考えることが多い印象があります。

このステージの分け方が唯一の正解ということではないのですが，3つだけなので，細分化して幾つも覚えるよりは簡単に考え方のフレームを頭に入れる

第11章　カスタマーサクセスの実践　**177**

ことができます。実務上もまずはこの3つを覚えておけば業務を覚えやすいでしょう。ここでは3つのステージについて確認します。

①オンボーディング

　オンボーディングは製品やサービスの利用を始めるステージであり、契約直後に自社の製品やサービスの利用を促進するための最初のステップでもあります。たとえば、機材の設置、ID発行、利用開始のためのトレーニング、それらに関するサポートなどが含まれます。つまり、顧客が製品やサービスを利用開始できる状態にすることです。

②アダプション

　アダプションはオンボーディングが完了した後に製品やサービスの利用を定着させるステージです。定期的にログインされたり情報の入力や更新があったりといったことが観測されれば定着を確認することができます。

　アダプションのステージにおいて商品やサービスが利用されなければ顧客に解約されてしまいます。別の言い方をすれば、解約を避けるためにスイッチングコストを上げて顧客をロックインするように仕向けていくプロセスをアダプションと言ってもいいかもしれません。

③エクスパンション

　エクスパンションは、第10章でも言及したとおり主にアップセルやクロスセルなどの追加課金によって顧客単価を高めて収益を増やすことを言います。ステージという意味では、アダプションが完了している顧客を相手にアップセルやクロスセルを促すステージということになります。

5．カスタマーヘルススコアでカスタマーの状態を知る

　カスタマーサクセスの実践において顧客が図11.5のどのステージにいるのかを把握することは重要です。なぜなら状態を把握しておくことで予兆をつか

んで解約を阻止したり，エクスパンションを提案したりといったことが可能になるからです。カスタマーの状態を数値化したものを**カスタマーヘルススコア**といいます。

（1）　DEAR

　カスタマーヘルススコアを設計するための考え方にGainsight社が提唱しているDEARというフレームワークがあります。DEARはデプロイメント，エンゲージメント，アダプション，ROIの頭文字を取ったものです。

①デプロイメント（Deployment）

　デプロイメントは顧客が製品をインストールしているか，IDが発行されているか，初期設定が成されているかなどといったユーザーが正しく利用開始できているかどうかを数字で把握します。

②エンゲージメント（Engagement）

　エンゲージメントは，顧客がセミナーに参加したり，メールを開封してくれたりしているかといった顧客からの関与の度合いを数字で確認します。とくに顧客が企業の場合は契約している製品やサービスの契約更新やエクスパンションに関わる人達との連絡や接触ができているかを把握します。

③アダプション（Adaption）

　アダプションは，顧客がログインして製品を使ってくれているか，どのくらいたくさんの機能が利用されているかなど，製品上でのアクティビティや利用状況を数字で確認します。

④ROI

　最後にROIです。顧客が製品を利用することで顧客自身が目標としていたことが達成されているか，顧客が製品やサービスに価値を感じているかを数字で把握します。

必ずしも DEAR に拘る必要はありませんが，実務上は非常に便利なフレームワークなので覚えておいたほうが良いでしょう。また，カスタマーヘルススコアは数字で把握することに意味があります。数値化できなければ改善のPDCA サイクルを回すことが難しくなりますので，DEAR のフレームワークを使わないとしても数字で把握できるようにすることが大事です。

（2） DEAR で捉える解約・エクスパンション予兆

カスタマーの状態をヘルススコアとして数字で把握できるようになったときに，それが良いか悪いかを判断できるようになることも重要です（図11．6）。

デプロイメントの段階で利用開始ができないまま長時間が経過すると，解約の可能性が高くなります。使いもしないのにお金を払い続ける人は基本的にはいないからです。オンボーディングが上手くいっていない状態では解約されるかもしれないので油断できません。

オンボーディングが上手くいってデプロイメントのヘルススコアがよい状態になっても，エンゲージメントのスコアが悪いと解約の可能性が高くなるので油断はできません。たとえば，顧客がセミナーに参加せず，メールも開封していない，トレーニングを受けてくれないといったやる気のない状態だと結局の

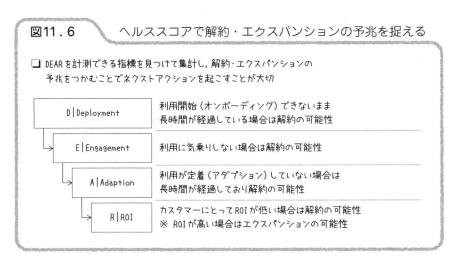

図11．6　ヘルススコアで解約・エクスパンションの予兆を捉える

ところ製品やサービスを使いこなせなかったりキーマンとの間に関係を構築できなかったりして解約されるかもしれません。

エンゲージメントのヘルススコアも改善されたとしてもまだ油断できません。アダプションしていないからです。ログイン状況や利用状況が不十分でアクティビティを測る指標が伸びないなどの場合は解約の可能性があります。

アダプションのヘルススコアが高い水準に届くようになったとしてもまだ油断できないのがカスタマーサクセスの実践です。ここまでしてもROIが低かった場合は解約されるかもしれません。むしろ，ここまでしたのにROIが低いほうが解約されるかもしれません。顧客は成功したくて製品やサービスの契約をし，課金をしています。費用対効果が悪かったり目標が達成できなかったりするとその顧客は成功できないわけですから，その製品やサービスを利用し続ける意味がなくなります。一方で，その顧客にとってROIが高い場合，カスタマーサクセスしていると言えます。そのような場合は，より大きな成功を求める顧客に対してエクスパンションの提案が可能となります。

DEARを計測できる指標を見つけて集計し，解約やエクスパンションの予兆をつかむことで次の行動につなげることもカスタマーサクセスの実践になります。

（3）　ヘルススコアはどこから収集するのか

カスタマーヘルススコアは数字で把握することが大事だと言っても，スコアとなる情報を集計できなければ把握できません。実際には製品やサービスの特性によっても異なりますが非常に困難で手間のかかる作業になることもあります。また，そもそも何の情報をどうやって収集すべきか，その収集対象とした情報はカスタマーヘルススコアとして本当に妥当なのかという問題も生じます。大企業であってもこれらの情報を一元管理できている企業は数少ないのではないでしょうか。

カスタマーヘルススコアに使われる指標として，製品の利用状況を計測することのほかに，サポートチケットやクレームの情報，ユーザーアンケートや顧客満足度調査，NPS（第12章で後述）などもありますが，これらは一例にすぎ

ません。専用のツールや専門家のコンサルティングに頼ってもよいですが，事業者自身が顧客の発するシグナルに敏感になって，よりよいカスタマーヘルススコアを模索し続けることが大事です。

（4） ヘルススコアとの相関チェック

カスタマーヘルススコアとなる情報を収集して指標として計測可能になったとしても，その指標が解約率やエクスパンションといった成果指標とどのように紐づいているかを継続的に監視する必要があります（図11.7）。カスタマーヘルススコアはあくまでも先行指標や活動指標です。スコアが改善したからといって本当に解約が減ったりエクスパンションが増えたりしているのかは，確認してみないとわかりません。本当は成果指標の改善に役立っていない指標にも費用や労力を投下してしまっているかもしれません。

ヘルススコアと成果指標の間に因果関係を見つけることができればそのヘルススコアを改善することに注力すればよいのですが，因果関係が見つからなくても相関関係を見つけることができればそのヘルススコアの改善に注力する理由になります。しかし，あくまでも相関関係であるため，ほかの要因で相関関係が崩れるかもしれませんし，本当に注力すべき指標がほかにあったことに気

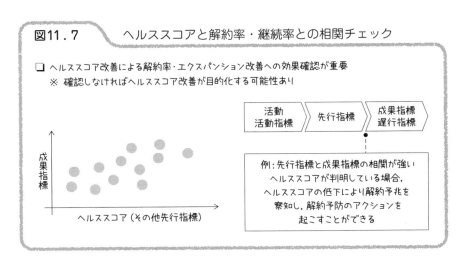

図11.7　ヘルススコアと解約率・継続率との相関チェック

182 第Ⅲ部 サブスクの事業開発と持続的な成長

づくかもしれません。その意味でも定常的に相関関係をチェックしておくことはカスタマーサクセスの実践において重要です。

6. 新規獲得につながるカスタマーサクセス

（1） アドボカシーの獲得

後述するNPSに9や10と回答してくれる顧客や良い口コミをしてくれる顧客など，製品やサービスを高評価してくれたりファンになってくれたり悪い評判から擁護する行動を**アドボカシー**（advocacy）といいます。また，そのような行動をしてくれる顧客のことを**アドボケイト**（advocate）といいます。アドボカシーを獲得できるようになればカスタマーサクセスの実践は新規顧客の獲得にも効果を発揮します。アドボケイトが増えることで周囲に製品やサービスを勧めたりよい情報を流布してくれたりと，新規顧客の獲得につながると期待できます。

（2） アドボカシー×ネットワーク効果

アドボカシーにネットワーク効果が組み合わさることでより新規顧客獲得に威力を発揮します（**図11．8**）。たとえばLINEやFacebookなどのSNSを非常に多くの人が使っていますが，皆さんも新しい人と出会う場に行くと，「LINE交換しませんか」や「Facebook教えてください」などの会話をすることはありませんか。最近では「インスタを使っていますか」のほうが多いかもしれません。これらのサービスは自分1人だけが使うよりも誰かと使うことで価値を発揮します。ユーザーが新しいユーザーを連れてくることで広く普及しています。

アドボケイトが増えれば増えるほど「インスタを使っていますか」などと製品やサービスを広める力が強くなります。さらに言えばSNSの場合，参加しているユーザーの数が増えれば増えるほどそのSNSサービス自体の価値も高まり，それによって新たなアドボケイトが生まれます。こうして多くのユー

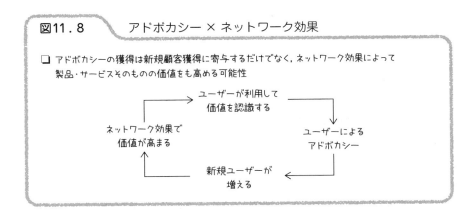

ザーに広めようとする動きが生まれるのです。**ネットワーク効果**が働く製品やサービスを扱っており，アドボカシーを獲得することができれば製品やサービス自体の価値も向上し，よいサイクルが回ってビジネスが成長していくと考えられます。

> **Glossary：ネットワーク効果**
>
> **ネットワーク効果**は，製品やサービスの価値が，それを利用するユーザーの数に依存する現象を指す。たとえば，電話，SNS，通信アプリといったコミュニケーションツールは，加入者が多ければ多いほど情報発信したり連絡したりできる先が増えるため価値が高まる。

（3） SLG と PLG

　SLG と PLG という考え方も今後重要さを増していくと思われますので，ここで紹介します。どちらが優れているかということではなくて，どちらの方針が自社ビジネスに適しているかという観点で捉えるのがよいでしょう。また詳しくは『PLG プロダクト・レッド・グロース「セールスがプロダクトを売る時代」から「プロダクトでプロダクトを売る時代」へ』（ウェス・ブッシュ著，

ディスカヴァー・トゥエンティワン）を手に取ってみてください。

① SLG

SLGとはセールスレッドグロース（Sales-Led Growth）と呼ばれ，製品やサービスの販売活動に重点を置いたビジネスの方法です。販売人員などに経営リソースの多くを割いています。もちろん，販売活動の自動化を試みたりもしますが，セールス主導で製品やサービスを世の中に普及させています。

② PLG

一方，PLGとはプロダクトレッドグロース（Product-Led Growth）と呼ばれる方法です。製品に経営リソースの多くを割いています。こちらは製品自体が製品を売るとも言われます。ここでいう製品にはサービスも含みます。また，製品自体がカスタマーサクセスを担うということも起こり，製品主導で製品を世の中に普及させます。製品と言っていますがPLGには製品をサブスクで提供しているビジネスを含みます。

③ PLGでは製品が製品を売る

先述のネットワーク効果やアドボカシーの話ともつながりますが，製品自体が優れていると顧客は他の人にも使ってもらいたいと思うようになります。ユーザーの数が増えるほど価値が高まる性質の製品だとしたらなおのことです。そのため，製品を使用している顧客が新しい顧客を引き寄せるようになります。いわば製品自体がネットワーク効果を持つことで価値が高まります。

実例として，Slack，Zoom，DropboxといったSaaSで提供されるサービスなどは情報の送信先となる相手も同じ製品を使っていなければコミュニケーションが成立しなくて不便ですが，一方で，たくさんの人が使うほどコミュニケーションの利便性が増すとともに，すでに利用しているユーザーがまだ利用していないユーザーに送信しようとして新しいユーザーを増殖していきます。製品自体が新しい顧客を呼び込む媒体となっているのです。

第11章　カスタマーサクセスの実践　**185**

④製品自体がカスタマーサクセスを実践する

　実際にはあらゆる PLG の製品がカスタマーサクセスのすべてを製品の中で解決しているわけではないですし，使い方セミナーやユーザー企業の成功事例セミナーを開催するなどといった人手をかける部分もありますが，PLG では製品自体がカスタマーサクセスを実践するようになります。

　たとえば，Facebook，X（旧 Twitter），Instagram といった SNS を利用するときに，運営会社から電話やメールが来て利用方法のチュートリアルや研修が行われたりしたわけでもないのに，知人友人から利用を勧奨された顧客自身が使い方を自分で学習して，自分でプロフィール登録などのオンボーディングをしたら，自分で毎日のようにログインして投稿し，いいねやコメントのやり取りをするといったアダプションをして，機能追加や広告サイトをクリックするなどの形で課金（エクスパンション）を始めていたりします。

　つまり，PLG では，製品の利用を通じて顧客自身がオンボーディング，アダプション，エクスパンションをしていくように設計されていると言ってもよいでしょう。同様の例は Slack，Zoom，Dropbox などといったサブスクのビジネスでもみられます。

●第11章のまとめ

① 　カスタマーサクセスは顧客との関係性を長期化させるのでサブスクだけでなく売り切りビジネスにとっても有意義な考え方だといえる

② 　カスタマーサクセスの実践においてはコンサンプションギャップを埋めたり広げたりしながら顧客を成功に導く

③ 　カスタマーサクセスの成果を測る指標が色々あり，それらは成果指標，先行指標，活動指標に分けられる。カスタマーヘルススコアを把握しヘルススコアと成果指標の因果関係や相関関係をチェックしつつ PDCA を回すことで顧客を成功に導く

④ 　カスタマーサクセスのステージの分け方にも色々なものがあるが，オンボーディング，アダプション，エクスパンションの3つをまずは覚えよう

⑤ 　アドボカシーとネットワーク効果や PLG は既存顧客に対するカスタ

> マーサクセスだけでなく新規顧客の獲得にも寄与しビジネスを拡大する考え方の1つである

トレーニング

解答・解説はコチラから

Q11-1 カスタマーサクセスの実践に関する以下①～④の説明について，正しいものには○を，誤っているものには×をつけなさい。

① カスタマーサクセスの成果は，さまざまな種類の指標を用いて測定することができる。すぐに結果が出るとは限らないため，顧客のログイン回数などの先行指標も収集して管理に用いることが重要である。

② アドボケイトと呼ばれる大事な顧客は，自らが長期間サービスを利用してくれるだけでなく，良い評判を流すなどして新規顧客の獲得にも貢献してくれる。したがって，SNSなどを通じてアドボケイトをネットワーク効果の中に組み込むことは効果が高い。

③ カスタマーサクセスの代表的なステージとして，オンボーディング→アダプション→エクスパンションを掲げることができる。最終的にはエクスパンションの状態に向けて段階的に顧客を誘導することが重要であるが，仮に顧客がオンボーディングの状態にとどまったとしても長期的な対応を行うことが可能である。

④ サービスの利用開始時から時間が経過し，ユーザーがそのサービスに習熟してくるにつれコンサンプションギャップが縮小するので，企業は製品・サービスをアップグレードする必要がある。料金体系を定額課金にしておけばこの時点で顧客がサービスに対する割安感を感じ，カスタマーサクセスに近づく。

Q11-2 スマホに搭載されているアプリの多くは，PLGを志向しています。なぜ，SLGではなくPLGを志向する傾向があるのか説明しなさい。

第12章

顧客の分類と最適化

　顧客には事業者に協力的な顧客もいればそうでない顧客もいます。たくさん課金してくれる顧客もいればそうでない顧客もいます。顧客ごとに製品やサービスの利用目的が違うかもしれませんし，中にはミスマッチで目的の合わない顧客もいるかもしれません。顧客を分類して顧客ごとに最適なオンボーディング，アダプション，エクスパンションを検討することは事業者が収益や利益を最大化するためにも，カスタマーサクセスを実践し顧客に成功をもたらすためにも重要です。

1．タッチモデルによる顧客の分類

　顧客を分類するモデルに**タッチモデル**があります（**図12．1**）。このモデル

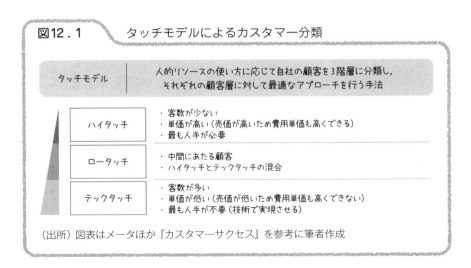

図12．1　タッチモデルによるカスタマー分類

（出所）図表はメータほか『カスタマーサクセス』を参考に筆者作成

では顧客を**ハイタッチ**，**ロータッチ**，**テックタッチ**の３つの階層に分類します。そして顧客が属する階層によって異なるカスタマーサクセスを提供するという考え方です。

これは『カスタマーサクセス　サブスクリプション時代に求められる「顧客の成功」10の原則』（ニック・メータほか著，英治出版）の中で紹介されています。

ハイタッチは事業者側から見て，カスタマーサクセスを実践するにあたり最も多くの人手を要する顧客層を指します。一方，テックタッチは最も人手が不要な顧客層です。ロータッチはハイタッチとテックタッチの中間にあたります。

具体的にはハイタッチであれば毎月のように顧客との直接対話のためのミーティングをしたり，レポートを提出したり，いつでもサポートのための問合せを受けたり，オンボーディングのための個別トレーニングを提供したりとたくさんの人手をかけます。一方でテックタッチであれば直接顧客と対話することもなく，情報をEメールでお知らせしたり，顧客自身で解決方法を学習できるようなEラーニングやマニュアルを提供したりするなど，とにかく人手をかけずに顧客との接点をテクノロジーで対応します。

２．タッチモデルと課金モデルの整合性

ハイタッチな顧客層を相手にすると人手がかかるため顧客当たりの費用も大きくなります。費用が大きくなるということは，顧客当たりの課金額をより大きくしないと利益が出ません。しかし，課金単価が大きいとその製品やサービスを利用できる顧客候補の数が限られてきます。顧客への課金額が小さいのにもかかわらずハイタッチなビジネスをしてしまうと，採算が合わなくてそのビジネスを持続することが難しくなります。

一方，テックタッチな顧客層を相手にするためには人手がかからないようにしているので顧客当たりの費用が小さくなります。そのため課金単価を小さくすることができます。もし，小さな課金額でビジネスをしたいのであれば，人手をかけられない部分を自動化したり顧客自身に解決してもらったりと技術や工夫が必要になります。また市場の中に潜在的な顧客がたくさん存在すること

が前提となります。

　ハイタッチ，ロータッチ，テックタッチの分類は是非覚えておいてください。実はこれはサブスクだけではなく売り切りビジネスにおいても大事な考え方だからです。薄利多売の商品なのに1人ひとりの顧客に人手をかけていたり時間を使っていたりしては赤字になってしまいますし，高級品なのに顧客に対して人手や時間を使わないようだと契約してもらうこと自体が難しいでしょう。

3．顧客企業の規模による分類とタッチモデル

　タッチモデルの分類ではハイタッチはお付き合いできる顧客数が少なくてテックタッチだと顧客数が多くなります。この考え方は顧客を企業規模で分類することとも相性がよいでしょう。

　2024年の『中小企業白書小規模企業白書』によれば日本の大企業は全体の0.3％にすぎません。中規模企業で15.2％，小規模企業が84.5％です。また支払能力は大企業ほど大きくて小規模企業ほど小さいと考えられますので，**図12.2**のようなピラミッド構造となります。そのせいで，多くの場合，顧客が

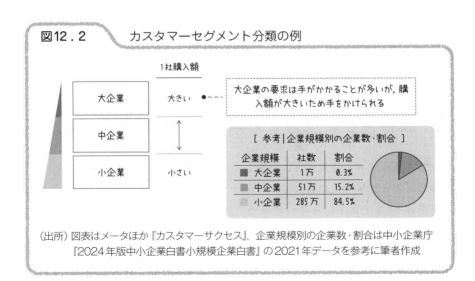

図12.2　カスタマーセグメント分類の例

（出所）図表はメータほか『カスタマーサクセス』，企業規模別の企業数・割合は中小企業庁『2024年版中小企業白書小規模企業白書』の2021年データを参考に筆者作成

大企業であればハイタッチも可能ですが，小規模企業であればテックタッチを徹底して考えないとビジネスが行き詰まる可能性が高くなります。

4．さまざまなカスタマー分類の例

　タッチモデルのほかにも顧客を分類する方法はいろいろあります。参考として**図12.3**に列挙しておきます。

図12.3　　　ほかにもあるカスタマー分類の軸

[カスタマー分類の軸]

・顧客がもたらす収益の大きさ（契約金額・ARR）
・カスタマーの規模（カスタマー自身の売上規模・従業員数など）
・カスタマーサクセスのステージ
・成熟度合い（製品・サービスを使いこなしている度合い）
・顧客の成長余地（今は小規模企業でも大規模企業に成長するかもしれない）

・地理分布・商圏　　　・セキュリティの厳しさ
・業界・業種　　　　　・戦略的な関係構築
・直販・流通経路　　　・プロダクト
・ユースケース　　　　・ブランド
・カスタマーヘルス

5．既存客と新規客を分類した損益計算書の紹介

　顧客を既存顧客と新規顧客に分類した損益計算書の例が**図12.4**です。この図は2021年3月号の『企業会計』で弘子ラザヴィ氏が「Who起点の経営と成長を見通す カスタマーサクセス視点のPLのあり方」として紹介したカスタマーサクセスのPL（損益計算書）を参考にしたものです。

　合計だけをみるとこのビジネスは100の売上高に対して4の営業利益であり売上高営業利益率が4％という状況です。これを既存顧客と新規顧客に分けて

第12章 顧客の分類と最適化　191

> **図12.4**　既存顧客と新規顧客で分けるカスタマーサクセスの PL
>
> ❏ 既存顧客と新規顧客に分けて管理することで、CAC、CRC、CEC の費用対効果が明らかになる。
>
> | | 合計 | 定期収益事業
（既存顧客向けの活動） | | 新規獲得事業 | |
> |---|---|---|---|---|---|
> | 売上高 | 100 | 75 | 100% | 25 | 100% |
> | 売上原価 | 23 | 17 | 23% | 6 | 24% |
> | 売上総利益 | 77 | 58 | 77% | 19 | 76% |
> | S&M | 40 | | | | |
> | 　1．CRC & CEC | 11 | 11 | 15% | — | — |
> | 　2．CAC | 29 | — | — | 29 | 116% |
> | R&D | 20 | 10 | 13% | 10 | 40% |
> | G&A | 13 | 6 | 8% | 7 | 28% |
> | 営業費用 | 73 | 27 | 36% | 46 | 184% |
> | 営業利益 | 4 | 31 | 41% | ▲27 | ▲108% |
>
> （出所）図表は弘子ラザヴィ「Who 起点の経営と成長を見通す　カスタマーサクセス視点
> 　　　 の PL のあり方」を参考に筆者作成

表記します。すると新規獲得が▲27と大きな赤字を出している一方で，既存顧客からの営業利益が31で営業利益率が41％と非常に効率よく利益を生み出していることがわかります。言い換えると既存顧客に対して効率よくカスタマーサクセスを実現しているということにもなりますし，新規顧客の獲得活動を止めさえすれば効率よく利益の出る収支構造になっていることがわかります。

　では，新規顧客に対する赤字についてどう評価するべきかですが，これは期間損益による問題であって，LTV や解約率を考慮に入れれば，その新規顧客が既存顧客となって長期にわたり収益と利益をもたらすため，一時的な赤字にすぎないことは第4章や第6章で説明したとおりです。ここで重要なのは，どの程度効率よく新規顧客を獲得できているかその効率性は適切な範囲にあるのかといったことが，既存顧客と新規顧客を分けたことによって分析したり評価したりできるようになるということです。

　このようにどの顧客に対する何の活動で費用を投じていてそれがどの程度効率的なのかを分析し評価できれば，改善の PDCA を回すことができるようになります。

6．顧客を関係性によって分類する固定収益会計

　サブスクという言葉が流行するよりもずっと以前に，日本の研究者が提案した**固定収益会計**という考え方があります（図12.5）。2008年3月の『経営論集』で明治大学の鈴木研一教授が「固定収益会計の現状と課題」として紹介していました。これは事業者との関係性によって顧客を分類しようというものです。

　詳細は出所に譲りますが，関係性とは何かということを簡単に説明すると，いつも買ってくれる顧客は**固定顧客**で，いつも買ってくれるかどうかわからない顧客は**変動顧客**です。その中間に**準固定顧客**と**準変動顧客**があります。本書でいうところの「顧客との継続的な関係性の担保」の程度が強いほど関係性が強い顧客として分類すると言ってもいいかもしれません。

　購買頻度によって顧客を分類しそれぞれの収益と費用を把握することができ

図12.5　関係性によって顧客を分ける固定収益会計

	計	変動顧客	準固定顧客	固定顧客	準変動顧客
売上高					
セグメント個別変動費					
限界利益					
セグメント個別固定費					
貢献利益				(A)	
セグメント共通固定費	(B)				
営業利益					
固定営業利益	(A－B)				

顧客関係性の程度によって顧客をいくつかのセグメントに区分する。この顧客セグメントごとに収益を計算して，その収益に費用を対応させることによって利益を計算する。そして，顧客セグメントごとに計算された利益を見ることによって，顧客関係性の程度が利益の安定性や収益性にどのような影響を与えたかを評価するというものであった。
（下線部は筆者が強調）

（出所）図表は鈴木研一「固定収益会計の現状と課題」『経営論集』55(4)，91-109を参考に筆者作成

れば，どのタイプの顧客が最も利益をもたらしてくれているのかがわかります。そうすると今後の拡大戦略のためには，どの顧客への費用投下を減らして，どの顧客に対して増やすべきか，現在の費用効率の良否も考えられるようになります。

またカスタマーサクセスという観点でいえば固定顧客への費用投下によって解約が減り，エクスパンションが増えれば固定顧客からの収益も利益も大きくなっていきますし，変動顧客が固定顧客へと変化していけば全体に占める固定顧客からの利益の比率が高くなっていくと考えられます。

おそらく，サブスクの事業者は固定顧客からの利益が最も大きい状況を望むことが多いのではないかと思いますが，実際にそのようになっているかどうかは顧客を分類してみなければわかりません。また変動顧客からの利益が大きいのであれば，それを固定化するのか変動のままで規模を拡大するのかといった意思決定も顧客を分類することによって可能になります。

以上のように，日本で生まれた固定収益会計はサブスクやカスタマーサクセスと非常に相性がよい考え方だと筆者は考えています。

7．NPS を使った顧客分類と批判者リスク

（1）　NPS とは

自社が提供する製品やサービスに好意的な顧客がいればそうでない顧客もいます。それらの顧客を NPS（ネットプロモータースコア）で分類することも考えられます。NPS についての詳しい説明は2021年3月の『企業会計』の「顧客との関係性構築をどう進めるか？　価値共創におけるネットプロモータースコアの役割」などをあたって頂ければと思いますが，簡単に説明すると次のようになります。

NPS は「0（可能性が非常に低い）から10点（可能性が非常に高い）で表すとして，この企業（あるいは，この製品，サービス，ブランド，または担当者）を友人や同僚に勧める可能性はどのくらいありますか」という質問を行い，点数に応じて顧客を3つのセグメントに分類して計算したスコアのことです

194　第Ⅲ部　サブスクの事業開発と持続的な成長

図12.6	批判者リスクを考える

ネットプロモーター スコア	製品・サービスに対する顧客のロイヤリティを測る指標 下図の「推奨者の割合ー批判者の割合」を測定する

［質問］この製品・サービスを友人や同僚に勧める可能性はどのくらいありますか？

高 ↑	10 9	推奨者 Promoter	・ロイヤルティ・再購買比率・ウォレットシェアが高い ・製品・サービスを他者へ推奨する ・企業に建設的なフィードバック・提言を与える
	8 7	中立者 Passive	・満足はしているが受け身であり，推薦者とは行動が異なる ・企業にもたらす利益も小さい
低 ↓	6 ： 0	批判者 Detractor	・不満客であり，放置すると悪評を広める恐れがある ・企業にとってはコスト増・従業員のモチベーション低下の 　要因ともなる

（出所）図表は青木章通「顧客との関係性構築をどう進めるか？　価値共創におけるネットプロモータースコアの役割」『企業会計』2021年3月号を参考に作成

（図12.6）。セグメントは，9〜10は推奨者，7〜8は中立者，6以下は批判者として顧客を分類します。

　日本ではスコアが低くなりがちと言われているので実務上は調整が必要となるかもしれません。計算式は次のとおりです。

　NPS＝推奨者の比率（％）－批判者の比率（％）

　NPSはカスタマーサクセスの先行指標としてもカスタマーの分類と最適化の観点からも重要な指標になりますので，以下に説明を続けます。

（2）　推奨者

　推奨者はたくさん課金してくれていたり，ファンであったり，良い口コミを広げてくれたり，建設的なフィードバックをくれたりと自社の製品やサービスが拡大していくために有益な行動をすると考えられます。

第12章　顧客の分類と最適化　　195

　第7章でネガティブチャーンは解約せずに残った顧客への課金額が大きくなることで発生すると説明しましたが，推奨者のほうがエクスパンションをするなどで大きな課金をしてくれるであろうことと，ほかの顧客や将来の顧客候補に対してポジティブな発信をすることで自社製品やサービスに良い印象を広めて解約率を下げることにつながるであろうことから，推奨者が増えるほどネガティブチャーンを実現する可能性も高くなると考えられます。

（3）　批判者とそのリスク

　批判者は不満客とも呼ばれます。不満客は悪い口コミを広げたりして周囲に不満を広めるおそれがあります。そうすると他の顧客にネガティブな印象を与えてしまい解約率が上がる結果につながることがあります。また，新規に契約を考えていた顧客候補が契約を控えてしまうことも考えられます。

　また，批判者がクレーマーになったり過大な要求を突き付けてくるような顧客になったりしてしまうと，これに対応をするための費用が発生したり，従業員のモチベーションが低下したり，心理的に疲弊してしまったりします。

　さらに言うと，その製品やサービスが他の顧客との共創によって価値が形成されている場合は批判者が存在することで価値が下がります。たとえば，コミュニティ，SNS，オンラインゲームなどで運営企業に文句ばかり言うユーザーが混ざっているのを目の当たりにして気分を害したことがある人が，皆さんの中にもいるかと思います。

　とくにサブスクの場合は顧客との継続的な関係性を長期化させるための努力をしているため，批判者との関係も長期化してしまう可能性があります。長期化してしまうと長きにわたって批判者対応に追われることになりますので注意したいところです。

（4）　正しい顧客とつながる，顧客を育てる

　NPSを使って顧客を分類したとしても，その情報を活用できなければ意味がありません。セグメント別に顧客の数や構成比率を把握できたら，次は，推

196　第Ⅲ部　サブスクの事業開発と持続的な成長

奨者を増やしたり，批判者を減らしたりといった試みが求められます。

①正しい顧客とつながろう

　新規顧客を獲得することに必死になってしまい，どんな顧客でもいいので収益を増やしたいという一心で契約を増やしてしまうと，批判者と契約してしまうことがあります。

　また，もともと批判者ではない顧客であっても，その顧客が本来持っていた要求に合致しない製品やサービスを契約してしまうと顧客が批判者になってしまいます。そのような事態を回避するためには顧客の要求している価値と自社の製品やサービスが実現しようとしている価値にミスマッチが起きないように配慮が必要です。

　たとえば，タワーマンションなどの庭のない住宅に住んでいる人に高枝切りばさみのサブスクを契約してもらってもその人が高枝切りばさみを使うシーンはわずかでしょう（実家に庭があるとか，アウトドアが趣味とかでしょうか…）。それにもかかわらず，顧客と契約してしまっては，黙って解約されるだけならまだマシで，製品やサービスを批判されるリスクが高まるだけです。このような場合には，契約してはいけない相手と契約したのだから，批判者になる人が悪いのではなくて，契約させた事業者のほうも悪いということになります。

②顧客を育てよう

　顧客の要求と合致した製品やサービスを提供していたとしても，コンサンプションギャップが大きいときの対応を間違うと批判者になるかもしれません。その製品やサービスで実現できることが何かを顧客に理解してもらい，実際に実現してみてもらうことができれば，批判者になる可能性は低くなるでしょう。そのためには，顧客と契約したらオンボーディングとアダプションを徹底することが必要です。契約前後の手続きや利用開始時のサポートや教育によって顧客が製品やサービスをしっかりと使いこなせるようにしていくことでコンサンプションギャップを埋めつつ顧客を成功に導いていきましょう。このプロセスによって，1人でも多くの批判者や中立者を推奨者に変えていくこともカスタ

マーサクセスの実践にあたります。

③ミスマッチな顧客と離れよう

　目的の合致しない顧客や育成することができない顧客が批判者として残り続けると，自社の製品やサービスの価値を落としてしまったり，ほかの顧客に迷惑をかけてしまったり，新規顧客の参入を妨げたりします。残念ですが，そうならないためには，健全に関係を解消していくこともビジネスを持続させるうえでは重要なことです。その顧客も不満足な製品やサービスに課金され続けなくてすむので，お互いによいことだといえます（図12.7）。

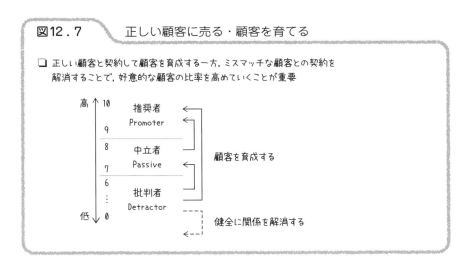

図12.7　正しい顧客に売る・顧客を育てる

8．カスタマーサクセスのステージ別・顧客分類別の施策検討の例

　顧客が分類できれば，カスタマーサクセスのステージごとに顧客別対応が可能になります。たとえば，顧客を大企業，中企業，小企業に分けて，カスタマーサクセスのステージをオンボーディング，アダプション，エクスパンションと分けて，さらに細分化しオンボーディングを契約と導入，アダプションを

定着と活用，エクスパンションを更新と拡大に分けたのが図12.8です。図中には小企業をターゲット顧客とする場合のカスタマーサクセスのステージの検討の例のみを取り上げますが，実務においては縦軸に顧客の分類をとり横軸にカスタマーサクセスのステージをとれば応用して考えを整理することが可能です。

　もう少し具体的に言うと，小企業向けのオンボーディングにおいてはWEB申込で契約できるようにし，導入においては自動的にIDが発行されて非対面のチュートリアルが提供されるようにしたり，UI/UX（ユーザーインターフェース/ユーザーエクスペリエンス）を説明不要なぐらいにシンプルな構造に変更したりテックタッチの視点から設計されているかどうかを整理することができるようになります。さらに，小企業向けのアダプションということであれば，ログイン等の利用を促す連絡をメールで自動配信することが考えられますし，ユーザーの利用に応じて情報や特典を付与することも考えられます。エクスパンションについてもアップグレードの手続きがWEB上で完結できるよ

図12.8　カスタマーサクセスのステージ別・顧客分類別の施策検討

うに変更したりと，ステージの全般を通じてテックタッチの視点からプロセスが設計されているかを確認したり整理したりするのにも役立ちます。

> ●第12章のまとめ
> ① カスタマーを分類することでビジネスを最適化させる。とくにタッチモデルによる分類は重要である。ハイタッチ，ロータッチ，テックタッチは覚えておきたい
> ② 既存顧客と新規顧客に分類して損益を管理することで既存顧客に対するカスタマーサクセスの費用対効果だけでなく，どの程度効率よく新規顧客を獲得できているかその効率性は適切な範囲にあるのかといったことを分析したり評価したりできるようになる
> ③ 固定収益会計は顧客との関係性に注目しており，関係性の違いによって費用対効果を分析したり評価したりできる。日本で生まれた固定収益会計はサブスクやカスタマーサクセスと非常に相性が良いだろう
> ④ カスタマーサクセスを実践するためには，批判者リスクも考慮に入れ，正しい顧客とつながる，顧客を育てる，つながってはいけない顧客とはつながらないことも大事
> ⑤ 顧客を分類することでカスタマーサクセスのステージ別かつ顧客分類別に施策を検討することができる

トレーニング

解答・解説はコチラから

Q12-1 顧客の分類に関する以下①～④の説明について，正しいものには○を，誤っているものには×をつけなさい。
　① サブスクは顧客とつながり続けることが重要であるので，既存顧客や，そのなかでも長期的な関係性を構築した顧客から自社がどの程度の利益を得ているのかを測定するセグメント別の損益計算書と相性がよい。たとえば，利速会計の損益計算書は固定顧客がもたらす貢献利益を他の顧客（変動顧客，準固定顧客）から得た貢献利益と分けて表示し，固定顧客の貢献度を明らかにする。

200　第Ⅲ部　サブスクの事業開発と持続的な成長

② 顧客として大企業を想定するサブスクの場合には，1社当たりの社員数が多いので，受け取る課金額も多額になる。そのため，カスタマーサポートに人員を投入するようなハイタッチなモデルでサブスク事業を設計することができる。

③ テックタッチと呼ばれるモデルは，顧客とのやり取りを技術（テクノロジー）で処理しようと試みるため，多くの顧客数を対象とできる。また，顧客とのやり取りを行うスタッフ数も少なくてすみ，手間がかからないためサービスの価格も比較的安価である。しかし，手厚いサポートが難しいため，カスタマーサクセスが困難という欠点を抱えている。

④ NPS（Net Promoter Score）はそのサービスを他社に推奨してくれる推奨者が，そのサービスに対して悪い印象を有している批判者をどの程度上回っているかを示す指標である。サブスクビジネスにおいては，批判者の改心（推奨者への転換）に力を入れ，NPSの値を向上するために努力すべきである。

Q12-2　NPSという指標はサブスクビジネスと相性がよいと言われますが，それはなぜだと思いますか。

第**13**章

サブスク企業の決算資料を読み解く

　本書は「サブスクの仕組みと関連する指標について理解できるようになる」，「サブスクを導入している企業の決算報告資料から，その会社のビジネスを読み解けるようになる」の２つを到達目標に話を進めてきました。最後の章では本書で紹介したサブスク会計の考え方や指標の知識の一部を使って，実在の企業が開示している決算資料を用いてサブスクのビジネスと会計を読み解くことにチャレンジします。

　特に本書ではサブスクのビジネスは定期収益の予測可能性が高いために，販促費を調整することで，どの程度の利益を残すかをコントロールしやすいという特徴があると述べてきました。

　さらに，定期収益の増加傾向と現金残高が健全でありさえすれば，成長投資として販促費を思い切って投下することが可能になるともお伝えしました。また，成長投資によって費用が先行して，会計期間における赤字が継続したとしてもサブスクはビジネスとして成立するとも主張してきました。

　では，実際にそのような企業が存在するのでしょうか。

1．一見，不自然な企業行動を読み解く

（1）　赤字を拡大し続ける企業行動

　図13.1はマネーフォワード社の2017年11月期から2019年11月期までの収益と費用の推移と，2019年11月期の決算報告時に開示した2020年11月期の予想です。売上高と営業利益の予想は決算短信から，費用の内訳は決算説明資料の中から筆者が抽出して作成しました。

　図13.1の一番左の2017年11月期は，2016年12月から2017年11月末までの会

202　第Ⅲ部　サブスクの事業開発と持続的な成長

Glossary：決算短信

　決算短信は，企業の財務状況や経営成績を簡潔にまとめたもので，投資家や株主に対して企業の業績を報告するために利用される。サブスクが普及し，ここ数年の間に ARR 等のサブスクの指標を載せる企業も現われた。

計年度を意味します。2019年11月期となっていれば2019年11月が決算月であり，この会社の会計年度は毎年11月に終わるのだとわかります。

　さて本題に戻ります。図13.1からわかるとおり，マネーフォワード社は営業利益で毎年赤字です。2017年11月期は8億円程度，2018年11月期も8億円程度の赤字だったのですが，2019年11月期は赤字が24億円程度にまで膨らみます。赤字が続いているだけでなくて，その赤字額が増えています。

　なぜ赤字になっているかを調べてみると，費用（売上原価と販管費の合計）の半分以上を S&M（ここでは人件費と広告費の合計とします）に使っています。そして，その S&M をさらに大きく増やして赤字をより大きくする2020年11月期予想を2019年11月期決算の時点で発表しています。つまり，もっと大きな赤字をあえて計上する予想を発表したのです。

　ただし，念のために補足しておきますが，図13.1の販管費の内訳である人

図13.1　　マネーフォワード社の PL

（単位：億円）

	2017年11月期	2018年11月期	2019年11月期	2020年11月期（※）
売上高	29.00	45.95	71.57	110.93
販管費・売上原価	36.97	53.91	96.03	145.04
人件費・広告費	24.04	27.64	54.76	85.35
人件費	15.67	23.13	39.55	58.09
広告費	8.37	4.51	15.21	27.26
その他	12.93	26.27	41.27	59.69
営業利益	▲ 7.97	▲ 7.96	▲ 24.46	▲ 34.11

※ 2020年度11月期の数値は，2019年11月決算発表時点の予想レンジ下限値を記載
※ 経年比較可能な費用項目の抽出のため，情報が少し古いですが2020年予想までとしております

件費には，S&M だけではなく売上原価と G&A も含まれており，広告費には
サブスクビジネス（SaaS）以外の収益獲得のための活動が含まれていると思
われます。筆者としては話の趣旨に影響のない程度と想定していますが，人件
費と広告費の合計は S&M としてみなすには見積りが過大なため，本来のマ
ネーフォワード社の費用対効果は，以下に説明する分析結果よりももっと効率
的であろうと思われます。

（2） あえて赤字を出す行動原理

　赤字規模を拡大する企業行動をとっていて，しかもそれが計画的だとすると
一見すると不自然です。第4章でも言及したとおり，財務会計では費用と収益
は因果関係として説明されます。努力としての費用と成果としての収益の因果
関係が対応しているのであれば，赤字になるということは効率の悪い費用の使
い方をしていることになります。だとしたら，効率改善や無駄な費用の削減で
赤字を小さくする計画を策定しそうなものです。大きな赤字が続いているにも
かかわらず損失が増大する予想を発表できるのはなぜでしょうか。

　本書をここまで読んだ皆さんはすでに理解されていると思いますが，定期収
益を大きくするために成長投資としての販促費（S&M）を大きくしているか
らというのが答えです。もう少し説明すると，サブスクビジネスの販促費の効
果は将来の複数年にわたって生じるにもかかわらず，費用計上は販促活動を
行った会計期間に帰属させるため，第4章でも言及したとおり費用と収益の対
応にズレが生じるからです。

　さらに，これも第4章で言及しましたが，定期収益によってもたらされる予
測可能性の高さの中で成長投資としての販促費と残す利益のトレードオフを考
慮することができるのがサブスクビジネスです。さらに言えば，赤字をどんど
ん大きくすることの合理性は第6章で言及しました。成長投資の規模を大きく
して顧客獲得の速度が上がれば，損益分岐するまでの間の赤字の規模が大きく
なっていくものの，累積損失が解消した後に計上される利益も大きくなるのが
サブスクビジネスの投資採算であるということです。

(3) S&Mの費用対効果分析

①売上高とARRは順調に成長している

　赤字になるほど投じた成長投資の効果が出ているのかどうかを確認しましょう。成長投資が順調であればARRが成長しているはずですし，収益（売上高）も増えているはずです。今回は売上高とARRの増加額に注目して費用対効果をみてみることにします。開示資料を見る限り2019年11月期決算時点における過去の実績値はマネーフォワード社のARRも売上高も増加傾向です（図13.2）。

　また，第5章でみたように成長中のサブスク企業は当期の売上高は当期末時点のARRよりも小さな金額になります。それにもかかわらず，売上高のほうがARRよりも大きいのは，マネーフォワード社の場合には，ARRに含まれない非定期収益が売上高の中に含まれているためです。

②成長投資の効率性を推定する

　図13.2によって，売上高もARRも増加傾向にあり成長しているので，少なくとも成長投資の効果が出ていることはわかりました。しかし，その効果がどの程度効率的なのかを確認しないと赤字を大きくし続けることには納得しが

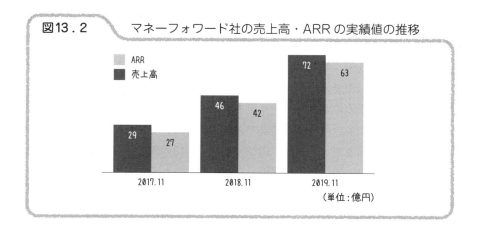

図13.2　マネーフォワード社の売上高・ARRの実績値の推移
（単位：億円）

第13章　サブスク企業の決算資料を読み解く　205

| 図13.3 | | マネーフォワード社の成長投資の効率性 |

（単位：億円）

		2017年 11月期	2018年 11月期	2019年 11月期	2020年 11月期（※）
売上高		29.00	45.95	71.57	110.93
前年度差	*(A)*	--	+ 16.95	+ 25.59	+ 39.36
ARR		26.77	41.64	63.19	
前年度差	*(B)*	--	+ 14.87	+ 21.55	
人件費・広告費	*(C)*	24.04	27.64	54.76	85.35
売上高総利益率	*(%)*	66.89	60.56	60.42	--
A÷C	*(%)*	--	61.33	46.79	46.12
B÷C	*(%)*	--	53.80	39.35	--

※ 2020年度11月期の数値は，2019年11月決算発表時点の予想レンジ下限値を記載

たいでしょう。そこで効率性を確認したのが**図13.3**です。

　図13.3の売上高前年差とARR前年差は前年に比べて1年間で金額がいくら増えたかを示しています。この増加額を生み出したのは成長投資としてのS&Mによる活動だとすると，S&Mと売上高もしくはARRの増加額の割合をみることで効率性が確認できます。

　リターンである分子に収益の増加額，投資である分母にS&Mという構造なので，いわば，投下したS&Mに対するROIの評価です。今回は「人件費と広告費の合計」をS&Mに見立てて効率性を計算しました。

　ROIが100％を下回っていれば投じたS&Mよりも回収できた収益のほうが小さいことを意味するので，S&Mを投下したことで損をしたことになります。一方で，100％を超えていればその年度中に投下したS&Mの金額以上にその年度中の収益を増加させたということを示しています。

　ただしROIが100％を上回っていたとしても，リターンである分子に入れる数字は収益であり原価を考慮していませんので，原価の分も回収しようとすれば100％ではなくもっと大きな割合でなければなりません。2017年から2019年のマネーフォワード社の売上高総利益率は60％から67％程度なので，原価分を見込むとROIが150％から170％程度でやっと原価も含めて回収できる割合に

なると推計されます。

　図13.3の「A ÷ C」「B ÷ C」を見てのとおり，2017年11月期から2019年11月期までの実績値はすべて100％を下回っていますし，2020年11月期予想が最もROIが低く出ています。100％を下回っているので投じたS&Mが年度内に回収できていないことを示しています。ただし，先に結論を言いますと100％を下回っていても年度内に回収できていなくてもマネーフォワード社の費用効率は問題ないというのが筆者の考えです。

③成長投資の回収は数年がかり

　なぜ同社の成長投資の効率は低くないと言えるのか説明していきましょう。解約率が正の数のとき，新規に獲得した顧客からもたらされる収益が年々減っていき，すべての年の収益を合計するとLTVになることを第6章で説明しました。

　つまり，2019年に投じたS&M（人件費と広告費の合計）は約55億円なのに対して，増加したARRは約22億円ですが，この22億円は毎年少しずつ減っていくものの，すべての年のARRを合計したものがLTVですから，2019年のS&M投下によって22億円以上の収益が2019年に生み出されたと言えます。

　当時の解約率の公開情報を見つけられなかったので仮の数字を使うのですが，生み出した収益をΣLTVでみれば仮に解約率が1％だとした場合，22億円÷1％で2,200億円となりますし，解約率が2％であれば1,100億円となります。55億円を投じて2,200億円を生み出したのであればROIは2,200億円÷55億円で4,000％となり，非常に儲かっていることがわかります。さらに言えば，ROIが100％になるときの解約率は22億円÷55億円となるので40％です。原価も考慮するならば，売上高総利益率が60％とした場合は22億円÷55億円×60％となるので，解約率が24％まで悪くなったとしても，投下したS&Mと同額の売上高総利益が返ってくると推計されます。ネガティブチャーンも達成していることから，マネーフォワード社の解約率（グロスチャーン）は1桁％台かそれ以下と考えられます。つまり，費用効率が非常に高いであろうと推測されます。

　もう1つ，別の見方をしてみましょう。計算の単純化のために解約率をいったん無視して説明すると，マネーフォワード社は成長投資としてS&Mに55億

円を投じたことによって、毎年22億円の収益を得られる権利を手に入れたようなものです。これを回収期間法で計算すると「55億円÷22億円＝2.5年」となります。2年半で投下した55億円を回収することができます。ここに原価の回収を考慮するために売上高総利益率を22億円に乗じたとしても「55億円÷（22億円×60％）＝4.166…」となって5年以内に損益分岐点に到達し回収が完了します。

決算説明資料によれば、マネーフォワード社はネガティブチャーンを達成しており、レベニューベースでの解約率がマイナスです。理論上は顧客を獲得さえしてしまえば、獲得した顧客からもたらされる収益が年々大きくなっていくので、会計年度で区切ったROIが低くて赤字になっていても費用効率に問題がないと言えます。

ただし、費用効率に問題はなくても収益と現金の回収に長期間を要するのに対して、現金支出は先に大きく出るので、現金残高はどんどん減っていきます。資金調達が十分にできて現金残高に余裕がないと赤字を出し続ける企業行動はできないので注意が必要です。しかし、**図13.4**を見る限り、S&Mへの費用投下を含むため営業のキャッシュ・フローはマイナスですが、財務のキャッシュ・フローはプラスで現金残高に余裕があります。つまり、資金調達と現金残高には問題がないように見受けられます。

以上より、マネーフォワード社は一見すると不自然な企業行動にみえたものの、サブスクのビジネスと会計の理屈を踏まえれば非常に合理的であったと結論づけられます。

図13.4 マネーフォワード社の現金残高・CF

（単位：億円）

	2017年 11月期	2018年 11月期	2019年 11月期
現金残高	57.27	49.51	71.92
営業CF	▲ 4.98	▲ 7.95	▲ 36.05
投資CF	▲ 10.65	▲ 12.88	▲ 27.84
財務CF	46.08	13.05	86.37

2．予測可能性が本当に高いのか検証する

（1） 本当に収益（売上高）の予測可能性が高いのか

　本書では第1章，第4章，第5章とそれぞれにサブスクのビジネスは収益の予測可能性が高いと説明してきました。実際に予測可能性が高いのかを確認しましょう。図13.5はマネーフォワード社の売上高の実績と予想の推移です。

　図の見方としては，2018年11月期を例に挙げると，2017年11月期決算の時点で発表した2018年11月期の売上高は44億円〜47億円で，2018年11月期決算で発表した売上高の実績値は46億円でした。この場合，予想レンジの中に実績値が収まっているので予想的中ということです。

　図13.5を見てわかるとおり，毎年，予想レンジの中に収まるか，予想レンジを超える売上高となっていて，予想レンジを下回ったことはありません。毎年予想を外さないのはすごいことです。この結果を見る限り，少なくともマネーフォワード社は収益（売上高）の予測可能性が高いと言っていいでしょう。

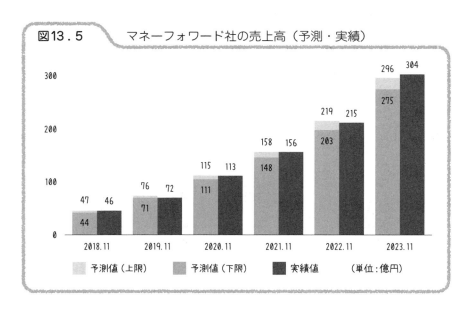

図13.5　マネーフォワード社の売上高（予測・実績）

収益の予測可能性の高さについてマネーフォワード社を調査した記事があります。2023年2月の『企業会計』の浅野敬志教授ほかの「不確実性下における業績予想と予算管理のインタビュー調査」によれば、「現行の事業については、ビジネスモデルの多くがリカーリングのストック型である。したがって、売上高を要素分解して要素ごとに変化率の予想を立てていけば、ある程度上限と下限のレンジが決まってくる」のだそうです。やはり、マネーフォワード社の予測可能性の高さは定期収益の存在によって裏打ちされていると言えます。

（2） 本当に利益コントロールが比較的容易なのか

サブスクのビジネスは定期収益の予測可能性が高いために、販促費を調整することで、どの程度の利益を残すかをコントロールしやすいという説明をしてきました。利益をコントロールできるのであれば予想を外すことは少ないのではないかと思われます。結果は図13.6を見てわかるとおりです。図13.6は

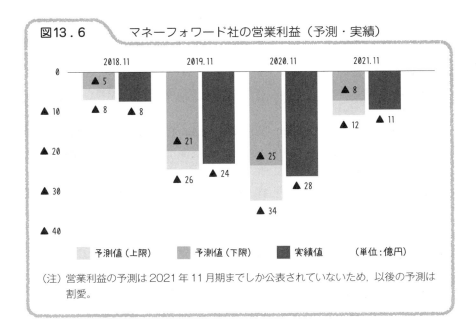

図13.6　マネーフォワード社の営業利益（予測・実績）

（注）営業利益の予測は2021年11月期までしか公表されていないため、以後の予測は割愛。

営業利益の実績と予想の推移です。マネーフォワード社は売上高だけでなく営業利益も予想レンジを外していません。つまり利益をコントロールできていると言えそうです。

また，利益のコントロールができているという事実も重要ですが，同じくらい重要なこととして，マネーフォワード社は意図的に赤字を計上しているということです。あえて赤字を出している。つまり意図的に成長投資のアクセルを踏んでいるのです。

（3） マネーフォワード社は自覚して赤字を出しているのか

マネーフォワード社の企業行動はサブスクのビジネスと会計の理屈を踏まえれば合理的ですし，実際に定期収益によって高い精度で売上高も営業利益も予測しコントロールできているようです。もし，本当にコントロールをしているのだとしたらマネーフォワード社自身が自覚しているはずです。

自覚していることを示す資料として，「今後の成長投資並びに黒字化の方針について」という2018年11月決算説明資料がありますので，下記に一部抜粋しました。

■今後の成長方針
・サブスクリプションモデルのため，中長期的なキャッシュ・フローの最大化を重視
・2019年11月期から2020年11月期にかけては，SaaSビジネスであるBusinessドメイン，顧客基盤を活用したFintechサービスであるFinanceドメインへの成長投資を加速
・成長投資については外部環境，競合状況を見極めつつ，経済性指標の健全性を堅持しながら実行

■黒字化に関する方針
・上記投資により収益基盤，キャッシュ・フローの創出力を強化し，2021年11月期にはEBITDA黒字化を達成する

第13章　サブスク企業の決算資料を読み解く　211

　筆者なりに解説すると，「中長期的なキャッシュ・フローの最大化を重視する」ということは，会計期間に区切った中での赤字を気にするよりも，中長期で見て儲かるようにビジネスを進めますということです。

　「SaaS（つまりサブスク）への成長投資を加速させる」ということは，新しいARRを獲得するためのS&Mへの費用投下をより重視すると言っています。

　ただし，「経営指標の健全性を堅持」とありますので，成長投資は状況を見極めながら冷静に進めようとしていることが伝わります。

　つまり，マネーフォワード社は自覚して赤字を出しながら収益を大きくし現金残高の健全性を睨みながら利益をコントロールしていると言っています。少なくとも筆者はそのように解釈しましたが皆さんいかがでしょうか。

　補足しておくと「2021年11月期にEBITDA黒字化」との記述があります。2018年11月決算時点での資料なので3年先の将来を予測しているのですが，決算説明資料なので，もはや投資家などのステークホルダーに対してオープンな場で約束をしたようなものです。そして3年後の2021年11月期決算はEBITDAが4.29億円の黒字でした。非常に高いコントロール能力を有していると言えます。

> **Glossary：EBITDA**
>
> 　**EBITDA**（Earnings Before Interest, Taxes, Depreciation, and Amortization）は利息，税金，減価償却費，償却費を差し引く前の利益を示す指標。営業利益に減価償却費（Depreciation）と償却費（Amortization）を足し戻すことでも算出可能。現金を稼ぎ出す能力を評価する指標の1つである。

（4）　他のサブスク企業も合理的に赤字を拡大している

　サブスクのビジネスとサブスク会計を学ぶと，マネーフォワード社の赤字を出し続ける企業行動が合理的であるとわかります。顧客獲得に大きな赤字を出してでも成長投資を継続することによって長期的には累積利益が増加する。このときの累積利益の曲線がJの字の形になります。いわゆる「Jカーブ」とし

て第6章で紹介しました。マネーフォワード社は「サブスクといえばJカーブ」を体現している企業の1つといえるかもしれません。

　同じように赤字を出し続ける行動は，ほかのサブスク企業にもみられます。いずれもSaaSですが，例として，『決算書ナゾトキトレーニング 7つのストーリーで学ぶファイナンス入門』（村上茂久著，PHPビジネス新書）にはSlack社の決算分析が紹介されており，『決算分析の地図　財務3表だけではつかめないビジネスモデルを視る技術』（村上茂久著，ソシム株式会社）にはfreee社の決算分析が紹介されています。他のサブスク企業の事例にも触れることでサブスク会計の指標と決算分析への理解が深まるでしょう。

3．Jカーブではない事例「オイシックス」「ラクス」

　ただし，サブスクだからといって必ずしもJカーブにする必要はありません。資金調達が十分で，現金残高に余裕があるという状況でもないのにJカーブを想定して赤字決算を続けていると現金残高がみるみる減っていき倒産してしまうリスクが高まるからです。

　図13.7と図13.8はオイシックスの，図13.9と図13.10はラクスの売上高と営業利益のそれぞれ予測と実績の推移です。各社の決算短信から筆者が数字を抽出して作成しました。

　オイシックスは2021年3月期だけ新型コロナウイルス感染症の流行による巣ごもり需要の影響で予想をはるかに上回る営業利益となり予想を外しましたが，図からわかるとおり売上高も営業利益も予想をほとんど外していません。

　ラクスも売上高と営業利益とともに予想をほとんど外していません。ラクスは2020年3月期からは前年期末の決算発表時ではなく，期中に通期予想を発表しているため予測精度が高くなっているであろうことを割り引いてみても，やはり非常に高い予測精度であるといっていいでしょう。

　2社とも，収益の予測可能性が高くて残す利益のコントロールが比較的容易というサブスクのビジネスと会計の理屈が当てはまっているのですが，赤字になるような成長投資をしていなくて，利益の推移はずっと黒字を継続しています。つまり累積利益の曲線はJカーブではありません。

赤字を出してでも積極的な成長投資をするというJカーブを追い求めなくても，オイシックスもラクスも上場していて大企業というに相応しい規模の会社になっています。少なくとも現時点においては，サブスクのビジネスとしては上手くいっているのではないでしょうか。

　2社に対して，Jカーブになる経営をしていればもっと早く大きな規模の会社になれたと指摘する人もいるかもしれません。もちろん，その指摘も正しいですが，「成長投資と残す利益のトレードオフ」を考慮し残す利益を優先することも健全性の観点からは正しい判断と言えますので，どちらが正しいかは一概に言えるものではありません。

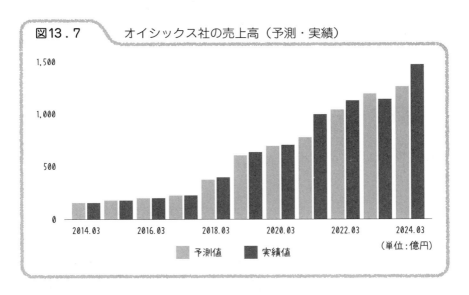

図13.7　オイシックス社の売上高（予測・実績）

214 第Ⅲ部　サブスクの事業開発と持続的な成長

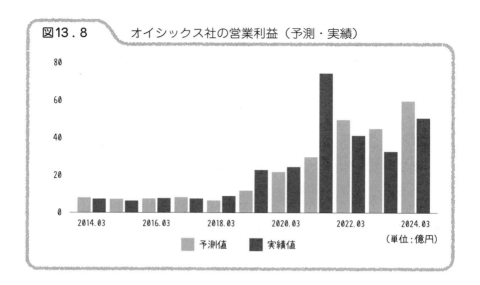

図13.8　オイシックス社の営業利益（予測・実績）
（単位：億円）

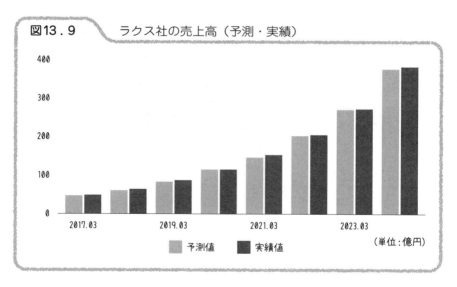

図13.9　ラクス社の売上高（予測・実績）
（単位：億円）

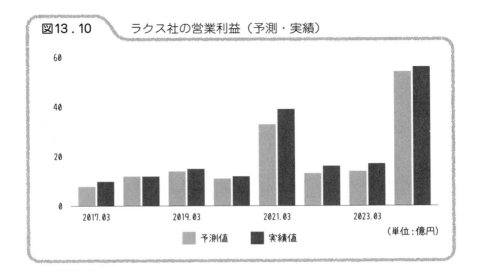

図13.10　ラクス社の営業利益（予測・実績）

●第13章のまとめ
① 赤字続きの中でもさらに赤字を拡大させる企業行動は一見すると不自然だが，サブスクのビジネスと会計の理屈に照らし合わせれば合理的な行動だと理解できる
② 定期収益の予測可能性が高いために，成長投資（販促費）を調整することでどの程度の利益を残すかをコントロールしやすいという特徴は，実在企業の開示資料から売上高と営業利益の実績と予測の推移を見る限り事実のようだ
③ 会計期間に区切ると赤字であっても投下したS&M（販促費）に対するARRの増加を分析することで費用対効果を分析することができる。解約率，LTV，ユニットエコノミクスなどのサブスク会計の指標を使えば，より詳細な分析が可能であろう
④ マネーフォワード社は"自覚して"赤字を出しながら収益を大きくし現金残高を睨みながら利益をコントロールしており，EBITDAの黒字化も"狙ったとおりに"実現して見せた

⑤ 「サブスクだからJカーブ」としなければならないわけではない。成長投資と残す利益のトレードオフを考慮し黒字を続けている企業もある

トレーニング　　　　　　　　　　　　　　解答・解説はコチラから

Q13-1　サブスク事業を営む上場企業を1社選び，その企業の有価証券報告書および決算報告資料を本書のサブスク会計の知識を用いて読み解き，その会社のサブスクビジネスをあなた自身で評価しなさい。

索　引

数字・欧文

1：5の法則	168
40%ルール	57
4G	24
5：25の法則	168
5G	24
AI	25
ARPA	91
ARPPU	91
ARPU	91
ARR	63
B2B	120
B2C	120
CAC	58, 94
CAC回収期間法	79
CEC	58
CRC	58
CSAT（顧客満足度）	173
DEAR	178
EBITDA	211
Enterprise	120
Fiscal Year	111
FY	111
G&A	58
IoT	24
Jカーブ	35
LTV	14
LTV（Life Time Value）	85
MM	120
MRR	63
OMO	24
PDCA	118
PLG	183
R&D	58
ROI	94
S&M	58

SaaS	40
SLG	183
SMB	120
ΣLTV	86

あ行

アカウント	21
アダプション	176
アップグレード	58
アップセル	58
アドボカシー	182
アドボケイト	182
穴の空いたバケツ	102
哀れな子羊	130
イニシャルコスト	30
違約金	30
ウォーターフォールチャート	109
売り切りビジネス	10
エクスパンション	59, 176
オンボーディング	176

か行

会計期間	48
会計基準	60
開示資料	204
回収期間法	79
解約率	64
価格の需要弾力性	40
課金	31
課金設計	4
カスタマー・エクイティ	86
カスタマーサクセス	18
カスタマーサクセスのPL（損益計算書）	190
カスタマーサクセスのステージ	175
カスタマージャーニー	175
カスタマーセグメント	189
カスタマーチャーン	102

カスタマーヘルススコア ……………… 178
カスタマーライフサイクル …………… 175
活動指標 ……………………………… 174
カニバリゼーション ………………… 143
管理会計 ……………………………… 46
管理業務 ……………………………… 26
基幹システム ………………………… 42
期間損益 ……………………………… 191
期間的対応 …………………………… 53
口コミ ………………………………… 154
クロスセル …………………………… 58
グロスチャーン ……………………… 109
グロスリテンションレート ………… 119
継続課金 ……………………………… 30
継続率（リテンションレート）…… 103
決算説明資料 ………………………… 201
決算短信 ……………………………… 201
決算月 ………………………………… 202
決算報告 ……………………………… 201
限界利益 ……………………………… 87
限界利益率 …………………………… 87
現金収支 ……………………………… 48
後発者優位 …………………………… 125
顧客獲得費用（CAC：Customer Acquisition
Cost）………………………………… 13
顧客生涯価値 ………………………… 85
顧客層別料金 ………………………… 133
顧客満足度 …………………………… 153
国際会計基準 ………………………… 60
固定売上 ……………………………… 11
固定顧客 ……………………………… 192
固定収益 ……………………………… 11
固定収益会計 ………………………… 192
固定費 ………………………………… 87
個別的対応 …………………………… 53
コホート ……………………………… 111
コンコルド効果 ……………………… 164
コンサンプションギャップ ………… 171

さ行

サービタイゼーション ……………… 25

財務会計 ……………………………… 46
サブスク ……………………………… 2
サブスク会計 ………………………… 46
サブスク収益 ………………………… 11
サブスクリプション ………………… 2
サンクコスト ………………………… 161
幸せな子羊 …………………………… 132
シグナリング ………………………… 162
従量課金 ……………………………… 2
準固定顧客 …………………………… 192
準変動顧客 …………………………… 192
情報の非対称性 ……………………… 162
初期費用 ……………………………… 4
推奨者 ………………………………… 194
スイッチングコスト ………………… 18
スクリーニング ……………………… 162
ステークホルダー …………………… 211
ストック収益 ………………………… 11
成果指標 ……………………………… 174
製造業のサービス化 ………………… 25
成長投資 ……………………………… 55
先行指標 ……………………………… 174
先行者優位 …………………………… 125
損益分岐点 …………………………… 81

た行

第1世代のサブスク ………………… 23
第2世代のサブスク ………………… 24
第3世代のサブスク ………………… 25
ダイナミックプライシング ………… 133
タイムトゥバリュー ………………… 173
ダウングレード ……………………… 58
ダウンセル …………………………… 58
正しい顧客 …………………………… 196
タッチポイント ……………………… 4
タッチモデル ………………………… 187
遅行指標 ……………………………… 174
チャーン ……………………………… 102
チャーンレート ……………………… 102
チャリンチャリンビジネス ………… 124
中立者 ………………………………… 194

索　引　219

定額課金 …………………………………… 2
定期収益 …………………………………… 11
テックタッチ …………………………… 187
テレマティクス保険 ………………… 135
投資効率 …………………………………… 94
投資採算 …………………………………… 79
導入費用 …………………………………… 30
取引コスト ……………………………… 162

な行

二部料金 ………………………………… 133
ネガティブチャーン ………………… 110
ネットチャーン ………………………… 109
ネットリテンションレート ……… 119
ネットワーク効果 …………………… 182

は行

ハイタッチ ……………………………… 187
ハゲタカ ………………………………… 130
バックオフィス業務 …………………… 26
ビッグデータ …………………………… 24
非定期収益 ……………………………… 15
批判者 …………………………………… 194
費用収益対応の原則 …………………… 47
標準原価 …………………………………… 88
標準原価率 ……………………………… 88
フリーミアム …………………………… 132

ブルーオーシャン …………………… 126
平均継続期間 …………………………… 72
平均単価 …………………………………… 91
変動売上 …………………………………… 15
変動顧客 ………………………………… 192
変動収益 …………………………………… 15
変動費 …………………………………… 87
ホールドアップ ………………………… 18

ま行

マイページ ……………………………… 21
ミスマッチな顧客 …………………… 197
無限等比級数の和 ……………………… 93
モノ売りからコト売りへ …………… 25

や行

ユニットエコノミクス ………………… 79

ら行

リカーリング収益 ……………………… 11
利速会計 …………………………………… 65
リファラル ……………………………… 154
レベニューチャーン ………………… 102
ロイヤリティ …………………………… 153
ロータッチ ……………………………… 187
ロックイン ……………………………… 18

【著者紹介】

藤原　大豊（ふじわら　ひろよし）
現職は㈱三菱総合研究所 主席研究員。専修大学兼任講師。京都大学経営管理大学院修了（MBA）。専門はFP&Aと新規事業開発。とくにVBM（ROICやEVAなどの価値創造経営）とサブスク会計に強み。大手住宅設備メーカーでユニットバスの特注設計開発，品質保証，経理（管理会計），IRを担当した後，ベンチャー企業や上場企業の子会社で室長，役員，代表取締役を経験。㈱サブスクリプション総合研究所在籍時代に取締役兼主席研究員としてサブスクの研究を開始。

青木　章通（あおき　あきみち）
専修大学経営学部教授。㈱サブスクリプション総合研究所 フェロー。専門は管理会計・原価計算。サービス業の変動価格設定（レベニューマネジメント，ダイナミックプライシング）を中心に研究。主著として，『ケース管理会計』（共著，中央経済社，2017年），『企業グループの管理会計』（共著，中央経済社，2017年），『管理会計』（共著，新世社，2008年），等。2022年4月に専修大学の学部生向けに演習科目「サブスク経営」を開講。

＜図表作成＞
駒路祐也（三菱総合研究所），山野内雄哉（三菱総合研究所）

サブスク会計学 —持続的な成長への理論と実践—

2025年3月30日　第1版第1刷発行
2025年7月25日　第1版第4刷発行

著　者	藤　原　大　豊
	青　木　章　通
発行者	山　本　　　継
発行所	㈱中央経済社
発売元	㈱中央経済グループ パブリッシング

© 2025
Printed in Japan

〒101-0051　東京都千代田区神田神保町1-35
電話　03（3293）3371（編集代表）
　　　03（3293）3381（営業代表）
https://www.chuokeizai.co.jp
印刷・製本／文唱堂印刷㈱

※頁の「欠落」や「順序違い」などがありましたらお取り替えいたしますので発売元までご送付ください。（送料小社負担）
ISBN978-4-502-53141-5　C3034

JCOPY〈出版者著作権管理機構委託出版物〉本書を無断で複写複製（コピー）することは，著作権法上の例外を除き，禁じられています。本書をコピーされる場合は事前に出版者著作権管理機構（JCOPY）の許諾を受けてください。
JCOPY〈https://www.jcopy.or.jp　eメール：info@jcopy.or.jp〉